이건희,

21세기
신경영 노트

이건희, 21세기 신경영 노트

초판1쇄 인쇄 | 2006년 4월 10일
초판1쇄 발행 | 2006년 4월 20일

지은이 | 이채윤
펴낸곳 | 행복한 마음
출판등록 | 제10-2415호(2002. 7. 10)

주소 | 서울시 마포구 서교동 408-8 3층
전화 | 02)334-9107
팩스 | 02)334-9108
이메일 | bookmind@naver.com

ISBN 89-91705-06-5 03320
＊잘못 만들어진 책은 구입처에서 교환해 드립니다.
＊책값은 뒤표지에 표기되어 있습니다.

이건희,
21세기
신경영 노트

이채윤 지음

행복한 마음

머리말

세계 초일류기업 삼성은 이땅에서 왜 홀대받는가

　나는 이미 『삼성처럼 경영하라』를 비롯해서 여러 권의 삼성 관련 책을 쓴바 있다. 그럼에도 이번에 『이건희의 21세기 신경영 노트』를 내놓은 것은 삼성이 현재 우리 경제에 차지하는 비중이 지대함에도 불구하고, 제대로 평가받지 못하고 있는 현실의 안타까움을 깨치기 위해서다. 또한 삼성 경영에 대한 정당한 평가를 통해서 삼성을 모델로 삼아 삼성식 경영을 도모하고자 하는 이들에게 삼성 벤치마킹의 새로운 이정표를 보여주고자 함이다.

　잘 알려져 있다시피 삼성은 2000년대 들어 한국은 물론 전 세계에서 가장 잘 나가는 기업이다. 2004년, 삼성은 그룹 내 대표 기업인 삼성전자가 세계에서 9번째로 순이익 100억 달러 그룹에 합류함으로써 초일류기업의 위상을 확립했다. 삼성이 우리 경제에 차지하는 비중은 주식 시장의 27.5%, 세수의 9%, 총수출액의 21.4%에 이르러 삼성이 없으면 나라 경제가 흔들릴 정도이다.

하지만 삼성은 뛰어난 경영실적에도 불구하고 2005년 내내 수많은 악재에 시달려왔다. 2005년 5월 2일 고려대에서 이건희 회장에 대한 명예철학박사 학위 수여식이 있을 때 일부 고대생의 시위로 학위수여식은 엉망이 되고 말았다. 이어 7월에는 X파일 사건이 터졌다. 급기야 이건희 회장은 건강검진을 이유로 미국행에 올랐고, 그 후 5개월 동안이나 외유를 해야만 했다.

2006년 2월 4일, 오랜 외유에서 돌아온 이건희 회장은 "지난 1년간 소란을 피워 죄송하게 생각한다. 전적으로 책임은 나 개인에게 있다. 국제경쟁이 하도 심해 상품 1등 하는 데만 신경을 썼더니 삼성이 비대해져 느슨한 것을 느끼지 못했다"고 대 국민 사죄를 하고, 사흘 후 8,000억 원에 이르는 사재(私財)를 조건 없이 사회에 헌납하겠다고 밝혔다.

이는 사회 일각에서 일고 있는 '삼성공화국' 논란을 잠재우기 위한 포석으로 보이지만 내가 보기에는 무엇인가 지나치게 억눌리고 굴절된 듯한 인상을 지울 수 없었다. 물론 거금을 사회에 환원한 행위는 기업의 사회적 기여라는 측면에서 정당히 평가받아야 하고 적극 환영할 일이지만, 강압적 사회분위기에 밀려 기업 활동마저 위축되는 듯한 분위기를 느낀 것은 아마도 나뿐만은 아닐 것이다.

이미 한국 사회에서 반(反)기업, 반 삼성 정서는 도가 지나칠 정도로 팽배해 있다.

그렇다면 왜 이런 현상이 일어나고 있을까?

나는 이 시점에서 세계 초일류기업을 만들어 나가고 있는 기업이 왜 이 땅에서 홀대받고 있는지, 삼성이란 기업의 공과(功過)를 객관적인 관점에서 논하고 기업인 이건희 회장의 진면목을 새롭게 조명해 보는 일은 의미 있는 일이라고 생각한다.

나는 삼성에 근무한 적도 없고, 그렇다고 친인척 중에 삼성 임직원이 있는 것도 아니다. 다만 삼성을 비롯한 우리 기업들이 세계 시장을 제패해서 한국을 먹여 살리는 일에 제대로 기여를 해주기를 바라는 국민의 한 사람일뿐이다.

『삼성처럼 경영하라』에서 밝힌대로 나는 사업을 하다가 실패의 쓴 잔을 마셔본 경험이 있는 사람이다. 창업이후 근 70년간 줄기차게 성공하는 사업을 창출해 낸, 그리고 이제는 세계 초일류기업이 되어 세계 산업을 선도하고 있는 삼성이 반기업 정서가 팽배한 이 땅에서 정당한 비판을 받을 수 있도록 우리 경제에 있어 삼성의 위상이 무엇이며, 장차 삼성이 어떠한 위치에서 미래경영을 펼쳐나가야 할 것인지를 이 책에서 밝혀보고자 한다.

2006년 4월
이채윤

제4장 삼성웨이

서장

무엇이 문제인가

2005년 11월 3일, '제1회 삼성 애널리스트 데이' 때 삼성은 '2010 프로젝트'를 발표했다. 2010년에는 GE, 마이크로소프트와 더불어 세계 전자업계 Top3에 진입하고, 2004년보다 2배에 이르는 1,150억 달러 매출을 달성하겠다는 야심찬 청사진을 제시한 것이다.

삼성은 시대의 유산인가

우리 경제는 5·16 군사혁명 이후 '개발독재'로 개념화 되고 있는 이른바 '박정희 모델'을 따랐다. 그 결과 한국은 연평균 10%대의 고도성장을 이룩했고, 불과 20년 사이에 후진 농업국에서 중진 공업국으로 발전하는 '압축 성장'을 달성했으며 중국을 비롯한 몇몇 동남아시아 국가들의 개발모델이 되기도 했다.

하지만 개발독재는 국내적으로 노동탄압, 인권유린, 수도권 집중화와 지방의 황폐화, 환경파괴, 행정규제 만능주의, 지역패권주의 등 수많은 문제점을 노출시켰다.

특히 '선(先)성장 후(後)분배론'에 입각한 '독점재벌육성'과 '중소기업위축' 정책은 국가 경제구조를 심각하게 왜곡시킴으로써 빈부격차의 골을 깊게 파놓았고, 지금 삼성과 같은 재벌기업들이 비판받는 근인(根因)을 만들어 냈다.

지금 삼성을 비판하는 이들은 최근 일구어 낸 삼성의 경영 성과가 아무리 대단하더라도 개발독재의 우산 아래, 즉 국가안보와 경제성장의 명분 아래 인권과 노동권을 탄압하면서 얻어낸 결과일 뿐이라는 시각이다.

나는 그러한 비판의 시각이 지당하며 어느 정도 수렴되어야 할 몫이 있다고 보는 입장이지만 그렇다고 과거의 역사에 대한 울분을 언제까지 끌고 갈 것인가, 묻고 싶다.

지금 우리 사회에서는 박정희식 개발독재를 악마의 짓거리 정도로 치부하는 세력이 있지만 초근목피로 연명하던 시절, 그러한 가난을 후손에게는 물려주지 말자고 경제개발에 혼신의 힘을 기울여 나라를 부강하게 만드는 데 기여한 대다수 기업인들의 공(功)마저 폄하하지는 말아야 한다.

물론 군사독재와 반민주화 정책으로 고통을 당한 당사자들이나, 고문을 당하고 죽음을 맞이한 이들의 가족들은 그 시대를 증오하고, 그 시대의 비호를 받고 성장한 재벌들이 달갑지 않게 느껴지겠지만 계속해서 증오의 대상으로 삼을 것이 아니라 시대의 유산으로 수용하는 자세를 견지하는 것만이 성숙한 시민사회를 이루는 초석이 될 것이란 말을 하고 싶다.

이제는 국제사회의 시각으로 바라보자

어떤 이들은 삼성의 경영권 승계를 위한 변칙 증여를 이야기하고, 어떤 이들은 무노조 경영을 이야기하며, 또 어떤 이들은 지배구조 문제를 이야기한다. 하지만 많은 시민들은 '잘나가는 삼성에 딴지를 걸어서 뭘 어쩌자는 거야'라는 냉소를 보내고 있다.

2005년 1월 28일 서울 호암아트홀에서 열린 삼성전자 제36기 정기주주총회에는 참여연대 김상조 경제개혁센터 소장(한성대 교수)을 비롯해 10여 명의 참여연대 인사들이 참석해 김인주 삼성 구조조정본부 사장의 이사 재선임 근거 등에 대해 윤종용 삼성전자 부회장 등 삼성 측 경영진과 열띤 논쟁을 벌였고, 참여연대 요구대로 표결에 부쳐졌지만 김인주 사장의 이사 재선임 건은 96.25%의 압도적인 찬성표를 얻어 원안대로 통과됐다.

이 결과를 볼 때 삼성의 대부분의 주주들은 시민단체의 주장을 '잘나고 똑똑한 그들만의 논쟁'으로 치부하고 있다는 것을 보여준 셈이다. 민주노동당 정책연구원 출신인 윤종훈 회계사가 2005년 5월 28일 〈오마이뉴스〉를 통해서 삼성의 변칙 경영권 방어 및 승계 방식에 대한 문제점과 해법으로 제시한 결론을 보자.

『시민사회단체의 입장에서는 두 가지의 현실을 인식하는 데서 출발해야 할 것이다. 하나는 삼성의 경영권이 외국자본에게 넘어가거나 크게 흔들릴 경우 누구에게도 유리하지 않을 것이라는 점이고, 다른 하나는 현재 이재용 씨에 대한 경영권 승계를 막을 수 있는 헤라클레스는 존재하지 않는다는 점이다.

이러한 현실을 고려한다면 삼성 측이 첫째, 지주회사 체제로의 지배구조 전환, 둘째, 권한만큼 책임지는 책임경영과 투명경영, 셋째, 이를 위한 법과 제도의 개선에 적극 동참할 것 등을 약속할 경우 시민단체가 경영권 승계의 도덕적 정당성에 대하여 크게 문제를 제기하지 않을 것임을 표명하면서 삼성 - 정부 - 시민단체 간의 협약을 주도할 필요가 있다.

최근 들어 시민단체가 문제점을 지적하고 반대만 하는 집단으로 인식되는 경향이 있다. 이러한 인식을 극복하지 않는 한, 시민단체가 과거와 같은 영향력을 되찾는 것은 쉽지 않을 것으로 보인다. 이제는 시민단체도 문제를 제기하는 집단을 넘어서서 대안을 제시하고 이를 주도해 나가는 집단으로 탈바꿈해야 할 때이다.』

나는 여기서 윤종훈 씨가 제안한 세 가지 해법은 우리 사회가 시간을 가지고 풀어나가야 할 문제라는 데 동의한다. 하지만 그 문제가 잘 나가는 기업, 달리는 말의 발목을 잡을 만큼 급박한 문제는 아니라는 생각이다. 국내적인 시각에서 보면 삼성의 지배구조는 다소 문제가 있을지 몰라도, 국제 사회에서 보는 시각은 그렇지만도 않다는 것을 알아야 한다.

삼성의 진가는 무엇인가

삼성의 대표적 기업 삼성전자의 경우 2004년 11월 〈파이낸셜 타임스〉가 전 세계 25개국 1,000명 이상의 기업 고위임원, 펀드매니저, NGO(비정부기구) 관계자, 언론인 등을 대상으로 설문조사한 결과 기업지배구조 부문에서 25위로 선정됐고, 금융전문 월간지인 〈애셋(The Asset)〉은 삼성전자를 4년 연속 국내 지배구조 최우수 기업으로 포스코, 신한지주, 하나은행과 함께 선정하고 있다.

삼성은 순이익, 배당총액, 법인세에서 조(兆)단위 시대를 열며 국가경제에 크게 이바지하고 있고, 반도체, LCD, 휴대폰 등 IT분야에서도 세계 산업계를 선도하며 눈부신 성공을 거두고 있다.

이러한 삼성의 실적은 그 누구도 부인하지 못하는 것이며, 외국에 한 번이라도 나가본 사람이라면 삼성이 보여주는 브랜드 파워를 세계 곳곳에서 느꼈을 것이다. 삼성의 진가(眞價)는 외국에 나가 보면 정말 피부로 느껴진다. 세계무대에서 인정받는 일류기업으로 당당히 자리잡은 삼성을 보면서 대견스럽고 뭉클하기까지 한 감정을 맛본 한국인들이 적지 않을 것이다.

그러나 이런 삼성에 대한 대우가 가장 야박한 데가 정작 한국이란 사실은 아이러니가 아닐 수 없다. 이러한 아이러니는 또 있다.

2004년 12월, 국무총리실에서 고위 간부들이 토론회를 벌였는데 그들은 환율이 떨어지고, 국제유가는 치솟는 상황에서 국가경영계획을 어떻게 짜야 할 것인지를 놓고 다양한 의견을 주고 받았다. 그리하여 삼성이 즐겨 쓰는 시나리오 경영이란 용어가 국무총리실에도 등장했고, 고위 간부들은 행정서비스의 효율 극대화 방안을 찾기 위해 삼성식 경영 방식을 배우기 시작했다.

금융결제원도 삼성의 신개혁을 벤치마킹하기 위해 특별강연회를 가졌는데 이상헌 금융결제원장은 "조직 구성원들에게 위기의식을 심어주기 위해 삼성 개혁을 배우게 됐다"고 말했다.

이러한 가운데에서도 좌파 또는 평등주의 성향의 인사들에 의해 삼성의 독주(獨走)에 대한 견제나 시기가 때로 삼성을 반대하는 움직임으로 조직화되고 있으니 한국은 참으로 이해할 수 없는 나라가 되어가고 있는 셈이다.

한국은 삼성그룹을 해체할 것인가

최근 몇 년 동안 국내에서 실시되는 존경받는 기업인에 대한 여론조사에서 이건희 회장은 부동의 1위를 차지하고 있다. 삼성은 국내뿐만 아니라 2006년 〈포춘(Fortune)〉이 선정한 '세계 2006 올스타(Allstar)기업' 순위에서 27위를 차지했고, 〈아시안 월스트리트저널(AWSJ)〉이 뽑은 '세계에서 가장 존경받는 기업' 등 해외 유력매체가 선정한 우수기업의 순위를 독차지하고 있다.

여기서 나는 소모적인 논쟁보다는 대안을 찾는 자세가 필요하다는 제안을 하고 싶다. 과거 군사독재에 의한 인권 탄압과 유린이 우리 역사의 한 질곡된 편린이라면 한국 재벌 또한 우리 역사의 한 편린이다. 시작이 잘못 되었다고 이제 와서 잘 나가는 재벌을 해체하고 원점으로 돌아갈 것인가?

이는 경제 논리상으로도 맞지 않는 억지이다.

미국의 시사주간지 〈뉴스위크〉는 2006년 1월 20일자에 이런 제목의 삼성그룹 분석 기사를 실었다.

『한국은 삼성그룹을 해체할 것인가(Will Korea break up Samsung)』

〈뉴스위크〉는 '삼성은 최첨단 기술을 갖고 있는 기업임에도 복잡한 상호 출자구조로 인해 국회의원과 시민단체들의 비난을 받고 있다'며 삼성 같은 스타 기업이 이런 상황에 처한 것은 다른 아시아 국가에선 감히 상상조차 하기 어려운 일이라고 밝혔다. 이 잡지는 이에 따라 삼성 내부에서 그룹 해체에 대한 불안감까지 감돌고 있다고 전했다. 이런 기사를 보면 참으로 어이없는 일들이 벌어지고 있다는 생각이 든다.

만약 이런 일이 벌어진다면 누가 이득을 얻는 것일까?

이 잡지는 또 서울 주재 투자 컨설턴트인 토니 미셸의 말을 빌려 '한국 사회는 공산주의와 다름없는 태도를 보여주고 있다. 돈이 있으면 남에게서 훔친 것이라고 생각한다'고 꼬집었다.

요즘의 기업가는 옛날로 치면 말을 타고 나가서 전쟁을 치르는 장수라고 보면 될 것이다. 그가 전쟁에 나가서 싸우는 것은 자신의 부와 명예를 위한 것이긴 하지만, 더불어 조국을 위한 복무이기도 하다. 그런 장수의 등에 비수를 꽂거나 달리고 있는 말의 다리를 걸어 넘어뜨리는 일이 일어나서는 안 되지 않겠는가.

말썽꾸러기 아이가 자라서 제 몫을 다하는 늠름한 어른이 되었는데도 어린 시절의 개구쟁이 모습만 기억하고 있다는 것은 그 얼마나 옹졸한 짓인가.

경북대 국제통상학부 김형기 교수는 2005년 8월 21일자 〈조선일보〉에 실린 '해방 60주년에 되돌아본 박정희 모델'이란 글에서 이런 제안을 했다.

『아직 박정희 모델을 넘어서는 새로운 대안적 발전 모델이 정립되지 못하고 있는 가운데 경제성장이 둔화되고 있다. 박정희 대통령에 대한 향수가 여전히 현실정치의 주요 변수로 작용하고, 박정희 모델의 유령이 지금까지 떠돌고 있는 것은 바로 이 때문이 아닌가 싶다. 이제 박정희 모델의 빛과 그림자를 정당히 평가하여 역사박물관에 안치시키고, 그것을 넘어서는 경제·사회·환경적으로 지속 가능한 대안적 발전 모델을 정립하여 제2의 경제도약과 민족통일의 토대를 구축하는 것, 이것이야말로 해방 60주년을 맞이하는 우리 민족에게 주어진 최대의 과제가 아닐까 싶다.』

지금 우리 사회의 일각에서는 현상을 제대로 보고 평가하는 보편적 시각과 정서가 사라지고, 자신의 필요에 의한 자신만의 잣대를 가지고 세상을 재단하는 인신공격과 무작위적인 비판만이 난무하고 있다. 이는 마치 물어뜯을 것이 없나 싶어 이리저리 고개를 돌리는 하이에나들이 길거리를 횡행하는 시대를 맞이하고 있는 것은 아닌가 한다.

이것은 주로 인터넷의 익명성 때문이기도 한데 어두운 밤거리에서 자신의 존재를 드러내지 않고, 자신의 마음에 들지 않는다고 해서 무차별적으로 사람들을 물어뜯고 달아나는 행위는 아무리 그 뜻이 곧고 깊으며 고상한 것이라도 패륜에 지나지 않는다. 여기에는 사회와 경제에 대한 정의와 새로운 지표를 제시하지 못하고 있는 정부와 정치계, 경제계, 학계의 책임이 크다 할 것이다.

시장경제 체험단의 요지

2006년 3월 1일, 자유기업원은 전국 대학생을 대상으로 '제1기 시장경제 체험단' 행사를 벌인 끝에 류태하(중앙대 경제3), 김정섭(중앙대 중어중문3)의 '한국의 반시장적 국민정서의 원인 규명'을 최우수 논문으로 선정 발표했다. 이 시장경제 체험단 행사는 자유기업원의 대학생 대상 시장경제 교육 프로그램의 하나로, 행사 참가자 전원이 중국의 상하이를 방문해 현지 시장경제 발전상과 초·중·고교의 경제교육 실태를 둘러보고, 한국 경제발전의 걸림돌로 지적되고 있는 '반(反)기업 정서'의 뿌리를 중국과의 비교연구를 통해 파헤친 대학생 논문 공모전이었다.

최우수상을 탄 두 사람은 논문에서 한국에서의 '반기업 정서'의 주된 배경으로 초·중·고교에서의 경제교육을 들고 있다.

'중국은 사회주의 체제를 표방함에도 불구하고 초등학교에서 고교에 이르기까지 시장경제의 원리를 체계적으로 학습하고 있는 반면, 한국은 교과서의 경제 관련 기술의 양도 부족할 뿐만 아니라 시장경제에 대해 부정적으로 묘사하고 기업의 사회적 책임을 지나치게 강조하는 문제점을 드러내고 있다'고 진단했다.

이 논문에 따르면 시장경제와 기업에 대한 평가에서 중국 쪽이 오히려 더 긍정적이라는 것이다. 중국의 고등학교 경제교과서는 '기업은 시장경제의 가장 중요한 주체이다. 기업은 이익을 목적으로 하여 생산과 경영활동에 종사하며 기업의 이익이 증가해야만 유한한 자원을 효율적으로 사용해 국가에 더욱 많은 부와 번영을 창출할 수 있다'고 기술하고 있다.

또 시장의 실패에 대해 상당한 비중을 두고 기술하면서도 '시장경제하에서는 시장이 마치 보이지 않는 손처럼 스스로 사람과 재화를 필요한 범위 내에서 조절하여 분배한다'고 설명하고 있는 반면, 한국의 교과서 가운데 일부는 '자유경쟁으로 인해 자본가들은 쉽게 부를 축적했지만 임금노동자들은 더욱 가난하게 됐다'거나 '기업이윤의 사회 환원은 기업이 생산활동을 통해 얻은 이익을 그 기업을 키워준 사회에 다시 돌려주는 것으로 기업의 사회에 대한 책임의 표현이자 이의 실현'이라고 기술되어 있어 학생들이 시장경제의 본질을 잘못 인식할 염려가 있다고 지적하고 있다.

나는 우리나라 청소년들이 지금과 같은 교육을 계속 받고 자란다면 과거 1960년대와 1970년대 경제 개발에 몰두하면서 '한강의 기적'을 일궈낸 세대의 빛나는 업적을 이어 받지 못하고 말 것이란 불길한 생각을 하게 된다. 1960년대와 1970년대 경제개발은 박정희식 개발독재에 의해 시행되기는 했지만 세계에 유래 없는 경제발전을 이룩해 낸 것 또한 사실이다.

과거 6·25가 끝난 1950년대에 한국의 국민소득은 60달러로 아프리카 최빈국과 같은 수준의 나라였다. 그 당시 필리핀이 800달러였던 것을 감안한다면 그 무렵의 우리네 삶이 어떠했는지 가히 짐작이 갈 것이다.

지금 한국이 세계 11위의 무역대국이 되어 선진국 못지않은 안락함과 평안을 누리고 있는 것이 1960, 70년대의 업적이 없이도 과연 가능했을까?

한국에서 재벌을 비롯한 기업들이 비판을 받고 있는 것은 지나친 부의 독점과 자본의 편향에 대한 비판일 뿐 일반국민의 보편적 정서가 아니다. 좌파 또는 평등주의 성향의 세력이 정권을 잡고부터 그 권력에 부화뇌동하는 세력들이 만들어낸 가치연계사슬이 작동하고 있을 뿐이다.

최근 발간된 『해방 전후사의 재인식』이란 책이 베스트셀러에 진입하면서 사회각계의 공감대를 불러일으키고 있듯이 우리는 이제 한국경제의 물줄기를 재인식해야 할 때가 되었다.

또한 삼성을 비롯한 기업들도 앞만 보고 달릴 것이 아니라 무엇을 잘못 했는가 하는 자성하는 모습으로 겸허하게 국민들의 비판을 받아들이고 지배구조 개선, 후계구도 문제 등에 보다 유연하게 대처하는 지혜를 발휘해야 할 것이다.

삼성이 내부적으로 인간미, 도덕성을 그렇게 외치고, 사회공헌 활동을 위해 엄청난 투자를 하는데도 불구하고 삼성에 대한 세인들의 시선이 곱지만은 않다는 점 또한 해결해야 할 과제이다. 어떻게 된 일인지 여느 기업이 10을 잘못한 것보다 삼성이 1을 잘못한 것에 대해 여론은 더 홍분하는 경향이 있다. 아마도 이는 1등 기업에 대한 기대가 높기 때문일 것이고, 베일에 가려진 오너에 대한 부정적인 그림자일 수 있다. 아니면 오너 경영의 근본적인 약점일 수도 있다.

하지만 오너 경영이 많은 장점을 가지고 있다는 것이 현대경영학의 주류이기도 하다는 것을 알아야 한다.

나고야대학 국제개발대학원 조두섭 교수는 "일본의 대형 전자업체들은 자국에서 찾아보기 어려운 삼성의 오너 경영과 이에 따른 빠른 의사 결정, 적기 투자를 벤치마킹하고 있다"며 일본 전자업계가 삼성에게 뒤지게 된 것을 일본 기업들은 대부분 오너 경영체제가 아닌 탓에 중요한 투자를 놓고 의사결정이 더디고 책임 경영이 어려운 것 때문이라고 지적하고 있다. 그리고 이것은 현실적으로 반영되고 있는 경영의 대안이기도 하다. 그 일례로 일본의 경제전문지인 〈주간다이아몬드〉는 최근호에서 이런 기사를 실었다.

　　『일본에서는 찾아볼 수 없는 이건희 회장의 강력한 리더십과 과감한 결단력이 일본을 제쳤다.』

　　2005년 한국은 원화가치 상승, 국제유가 상승, 국제금리 상승이라는 이른바 '3고(高) 불황' 속에서도 무역 규모 5,000억 달러 시대를 맞이했다. 이는 장기간에 걸친 내수 부진과 고실업 속에서 이루어진 성과여서 더 큰 의미가 있다.
　　어쨌거나 이제 삼성은 국가경제를 이끌어가는 견인차가 되었고, 삼성의 미래경영에 우리 국민은 많은 것을 기대해도 좋을 것이다. 앞으로 삼성이 미래경영에서 다시 한 번 커다란 성공을 거둘 경우를 생각해 보자.
　　2005년 11월 3일, 삼성은 신라호텔에서 아시아 지역 기업으로서는 최대 규모인 '제1회 삼성 애널리스트 데이' 행사를 열고, 윤종용 삼성전자 부회장이 해외 184명, 국내 105명의 애널리스트와 기관투자가를 비롯해 IT분야 시장전문가 등 300여 명을 초청한 가운데 삼성의 중장기 미래전략인 '2010 프로젝트'를 발표했다. 2010년에는 GE, 마이크로소프트와 더불어 세계 전자업계 Top3에 진입하고, 2004년보다 2배에 이르는 1,150억 달러 매출을 달성하겠다는 야심찬 청사진을 제시한 것이다.

삼성의 경영전략대로 미래 경영에 올인하게 된다면 10년 후, 삼성이 한국경제에서 차지하는 영향력과 비중은 더욱 커질 것이다. 나는 그것을 기업 집중이라고 비판하는 세력들이 반대하고 나선다면 무엇이 진정한 애국인가를 묻고 싶다. 아울러 나는 이제부터 삼성은 물론 정부와 시민단체, 그리고 국민 모두가 그때를 대비한 설계를 해야 한다고 말하고 싶다.

세계 핸드폰 시장 점유율 1위(2004년, 31%)를 차지하고 있는 노키아는 핀란드 GDP의 24%, 수출의 25%, 주식시장 시가총액의 60%를 상회하고 있을 정도로 핀란드 경제에 지대한 영향력을 미치고 있지만 핀란드 국민은 노키아를 자랑스럽게 생각하고 있다.

사랑받는 국민의 기업으로

나는 앞으로 노키아나 삼성이 벤치마킹 대상으로 삼아 연구하고 있는 스웨덴의 바렌베리 그룹처럼 삼성이 사회에 더 많은 봉사와 기여를 하여 국민이 원하는, 국민에게 사랑받는 국민의 기업이 되기를 바란다.

이 책을 쓰는 동안 삼성은 이건희 회장의 신경영 전략에 의해 지금의 초일류기업으로서의 위상을 지니게 되었고, 앞으로 삼성이 준비하고 있는 미래경영 플랜은 삼성뿐만 아니라 한국을 먹여 살리는 커다란 자산이 될 것이라는 확신을 가지게 되었다.

또한 무조건적인 칭찬이나 비판이 아닌 정당한 평가와 대화가 필요하다는 생각을 했고, 그런 방향으로 삼성의 앞날뿐만 아니라 우리 대한민국호(號)가 나아갈 길을 제시하고자 애를 썼다.

나는 우리 기업의 미래에 나라의 앞날이 달려 있다고 보기 때문에 우리의 대표적 기업 삼성의 10년 후를 걱정하지 않을 수 없는 것이다.

SAMSUNG 21C

제1장

이건희의 선견력

미래를 읽는 선견력
1. 아들의 결단
2. 아버지의 결단

이건희는 누구인가?
1. 고독한 황태자
2. 타고난 엔지니어 정신
3. 후계자 수업

1973년에 닥친 오일 쇼크에 큰 충격을 받은 이건희 회장은 한국은 부가가치가 높은 첨단 하이테크 산업으로 진출해야 한다는 확신을 가졌다. 시대 조류가 산업사회에서 정보사회로 넘어가는 조짐을 보이고 있었고, 그 중 핵심인 반도체 사업이 우리 민족의 재주와 특성에 딱 들어맞는 업종이라고 생각한 것이다.

미래를 읽는 선견력

21C Neo-Management Note

오늘날 삼성이 가장 성공한 한국기업으로 초일류기업의 반열에 들어선 데는 14년 간 세계 1위를 달리고 있는 반도체가 결정적인 역할을 했다고 볼 수 있다. 삼성이 사상 최대의 실적을 올린 2004년의 경우 반도체는 18조 2,250억 원의 실적을 올려 삼성전자 매출의 31.6%를 차지했고, 영업이익은 전체 영업이익의 62.2%를 차지하는 7조 4,750억 원에 달했다.

이는 누구도 안 된다며 머리를 내젓던 시절, 반도체가 전자산업의 씨앗이 될 것이란 점을 간파하고 반도체 업체를 인수한 뒤 선대회장인 이병철 회장을 설득해 반도체에 올인하게 만든 이건희 회장의 미래를 내다보는 선견력이 가져다 준 결과가 아닐 수 없다.

삼성의 반도체 사업이 어떻게 펼쳐졌는가를 먼저 살펴보는 것이 삼성경영, 즉 이건희 회장의 신경영을 이해하는 단초가 될 것이다.

1. 아들의 결단

| 도쿄 구상 |

삼성의 창업주 이병철 회장은 그 유명한 '도쿄구상'을 통해 일본의 앞서 가는 기업들을 꾸준히 벤치마킹하면서 삼성을 재계 1위의 기업으로 이끌어 왔다. 이병철 회장의 도쿄 구상은 우연한 기회에 이루어졌다.

1959년 12월 말, 이병철 회장은 일본 방문을 마치고 귀국하려 했으나 서울에 폭설이 내려 비행기가 이륙하지 못하는 사태가 벌어졌다. 그래서 할 수 없이 일본 체류기간 때 묵었던 숙소인 제국호텔로 발길을 돌려야 했다. 그날 밤 일본 TV에서는 연말을 맞이해 특별히 기획한 경제전망 기획 프로그램을 방영하고 있었다. 일본의 저명한 저널리스트, 석학들이 나와 지난해의 경제동향에 대한 총결산과 새해 경제에 대한 전망을 한 것이다.

그때 이병철 회장은 내게 저런 것을 보여주려고 서울에 폭설이 내린 모양이라며 무릎을 쳤다고 한다.

그는 귀국을 연기한 채 일본 경제에 정통한 경제담당 기자들을 만나 TV에서 본 내용을 확인하며 그들의 이야기를 들었다. 기자들은 수치상으로 나타난 경제지표뿐만 아니라 실제로 경제 현장에서 일어나는 많은 이야기를 들려주었다. 이병철 회장은 기자들의 이야기 가운데서 흥미 있는 분야를 골라냈다. 그리고 다시 그 분야의 전문가와 학자들을 만나 새로운 시대가 요구하는 우수 업종과 상품에 대한 조언을 들었다.

그런 다음 그는 재계의 유명사업가를 초청했다. 사업가들은 사업현장에서 실제로 겪은 자신들의 경험과 노하우를 들려주었고, 이병철 회장에게 새로운 사업을 바라보는 시각을 제시해 주었다. 이병철 회장은 일본의 재계 인물들과 폭넓은 교류관계를 맺고 있었으므로 그들을 만나 좀 더 구체적이며 확실한 정보를 얻을 수 있었던 것이다.

이런 몇 단계의 만남을 거듭하며 이병철 회장은 자신의 생각을 정리하고 구상을 다듬어 나갔다. 그는 귀국 즉시 자신이 직접 작성한 유망 업종 리스트를 비서실에 건네며 우리 실정에 맞는 사업을 하나하나 점검하라고 지시했다.

그 후 이병철 회장은 해마다 연말과 연초를 일본에서 지냈다. 그는 일본 언론이 특별 기획한 경제전망 기획 프로그램을 보면서 자신의 사업구상을 정리하곤 했다. 당시 일본은 고도 성장기를 맞고 있었으므로 매스컴에서는 해마다 신정연휴 동안 일본의 경제발전에 초점을 맞추어 집중적으로 기획물을 내보내고 있었다.

이병철 회장은 이 기간 동안 일본의 경제개발 경험과 기업가들의 역할에 대해 진지하게 공부하고 연구할 수 있었다. 일본의 공업화는 이병철 회장에게는 더없이 중요한 벤치마킹의 대상이자 교과서였다. 그는 우리보다 앞서가는 일본 기업의 노하우를 자기 나름대로 소화해 냈고, 그것을 자기 방식으로 활용하는 방법을 터득했던 것이다.

이렇게 해서 선정된 업종이 훗날 삼성의 주력 기업이 된 매스컴, 제지, 보험, 전자, 중공업, 석유화학 등이다.

1960년대에 삼성은 제당업, 모직업, 보험업, 수출에 주력했다. 그러나 경공업 중심의 산업으로는 세계적 기업으로 발돋움하기 어렵다는 것을 깨달은 이병철 회장은 새로운 분야로의 진출을 모색하기 시작했다. 1970년대가 가까워지자 이병철 회장은 그동안 벌여온 소비재 위주의 사업보다는 전기·전자 계통의 첨단산업이 앞으로의 세상을 지배할 것이란 생각을 하게 되었다.

1969년 1월, 삼성은 일본 산요전기와 합작해 공장을 짓고 삼성전자를 설립했다. 삼성전자를 설립한 이후 삼성은 라디오, TV에서부터 반도체, 컴퓨터 등의 첨단산업에 전력을 기울이는 한편, 중화학공업과 방위산업 등에도 발 빠른 행보를 계속하면서 삼성의 세계화를 위해 진력했다.

| 미래를 내다보는 힘 |

여기서 가장 주목할 점은 삼성의 반도체 사업에 대한 투자이다. 삼성의 명운을 가르게 되는 반도체에 대한 투자가 어떻게 이루어졌는지 살펴보자.

삼성의 반도체 사업은 이병철 회장의 도쿄 구상에서 나온 작품이 아니라 이건희 회장의 아이디어에서 비롯되었다. 간단하게 그 사연을 요약하면 삼성의 반도체 진출은 이건희 회장의 미래를 내다보는 선견력과 이병철 회장의 과감한 결단력이 절묘하게 합쳐진 성공 신화라고 할 수 있다.

1974년, 이건희 회장이 동양방송 이사로 있었을 때의 일이다.

1973년 오일 쇼크를 겪으면서 이건희 회장은 자원이 없는 한국의 비참한 현실을 뼈저리게 느끼고 있었다. 당시 일본 업체들이 TV와 냉장고에 들어가는 핵심부품인 IC의 물량과 가격을 통제하며 횡포를 부리자 이건희 회장은 우리나라가 국제적인 경쟁력을 갖추려면 두뇌로 경쟁해야 하고, 부가가치가 높은 하이테크 산업으로 진출해야 한다고 생각했다.

그리고 다양한 분야의 사업을 검토하다 반도체가 전자산업의 씨앗이 될 것이라는 점을 인식하고 반도체 사업이 가장 유망하다는 결론을 내렸다. 이건희 회장의 사업에 대한 선견력은 일찍이 반도체 사업의 미래를 내다보는 데서부터 나타났다고 보는 것이 옳을 것이다.

"내가 기업 경영에 몸담은 것은 1966년 동양방송에서부터였다. 처음 입사한 그때부터 지금까지 많은 어려움을 겪고 결단의 순간을 거쳤지만, 지금 와서 보면 반도체 사업처럼 내 어깨를 무겁게 했던 일도 없는 것 같다.

사실 나는 어려서부터 전자와 자동차 기술에 남다른 관심을 가지고 있었다. 일본 유학 시절에도 새로 나온 전자제품들을 사다 뜯어보는 것이 취미였다. 수많은 전자제품을 만져보면서 나는 자원이 없는 우리나라가 선진국 틈에 끼어 경쟁하려면 머리를 쓰는 수밖에 없다고 생각하게 되었다.

특히 1973년에 닥친 오일 쇼크에 큰 충격을 받은 이후, 그동안 내 나름대로 한국은 부가가치가 높은 첨단 하이테크 산업으로 진출해야 한다는 확신을 다졌다. 1974년 마침 한국반도체라는 회사가 파산에 직면했다는 소식을 들었다. 무엇보다도 반도체라는 이름에 끌렸다. 산업을 물색하면서 반도체 사업을 염두에 두고 있던 중이었다.

시대 조류가 산업사회에서 정보사회로 넘어가는 조짐을 보이고 있었고, 그 중 핵심인 반도체 사업이 우리 민족의 재주와 특성에 딱 들어맞는 업종이라고 생각하고 있었다. 우리는 '젓가락 문화권' 이어서 손재주가 좋고, 주거생활 자체가 신발을 벗고 생활하는 등 청결을 중시한다. 이런 문화는 반도체 생산에 아주 적합하다. 반도체 생산은 미세한 작업이 요구되고, 먼지 하나라도 있으면 안 되는 고도의 청정 상태를 유지해야 하는 공정이기 때문이다."

마침 국내에는 시계에 들어가는 칩인 '워치칩' 을 만드는 한국반도체란 회사가 부천에 공장을 가지고 있었다. 당시 그 공장은 초기 단계의 집적회로(IC)를 사용해서 숫자로 표시하는 전자 손목시계를 만들고 있었는데 이 제품은 박정희 대통령 시절, 청와대를 방문하는 외국인들에게 한국의 기술을 과시하는 선물 목록이 되기도 했다. 이 회사는 미국의 캠코사와 합작으로 운영하는 합작회사였는데 경영 미숙으로 어려움을 겪고 있었다.

이건희 회장은 부친인 이병철 회장에게 한국반도체를 인수하자고 건의했다. 그러나 이병철 회장은 그 당시 반도체의 중요성을 잘 인식하지 못하고 있었고, 비서진들도 사업 전망에 대한 확신을 갖지 못한 탓에 결단을 내리지 못했다.

 이건희, 21세기 신경영 노트

그로부터 며칠 후 이건희 회장은 자신의 사재(私財)를 털어 국내 최초의 웨이퍼 가공업체인 한국반도체를 인수해서 삼성반도체를 설립했다. 그것이 삼성 반도체 사업의 씨앗이 되었다. 1974년 12월 6일의 일이었고, 이건희 회장은 당시 갓 서른 살이 넘은 청년이었다. 만약 미래를 내다보는 그 결단이 없었다면 현재의 초일류기업 삼성은 존재하지 않았을지도 모른다.

| 반도체 사업의 시작 |

이렇게 인수한 반도체 공장은 말이 반도체 공장이지 트랜지스터 웨이퍼를 생산할 정도의 조악한 시설을 가지고 있었다. 이건희 회장은 공장 규모를 키워서 일본 기업과 어깨를 나란히 하는 반도체 회사를 만들 것을 건의했다.

하지만 삼성 사장단은 반도체 사업에 본격적으로 진출하는 것을 두려워하고 있었다. 2004년 12월 반도체 30주년 기념식에서 이건희 회장은 당시를 회고하며 이렇게 말했다.

"반도체 사업 진출 당시 경영진들이 'TV도 제대로 못 만드는데 너무 최첨단으로 가는 것은 위험하다'고 만류했지만 우리 기업이 살아남을 길은 머리를 쓰는 하이테크 산업밖에 없다고 생각해 과감히 투자를 결정했었다. 다른 분야도 그렇지만 반도체에서 시기를 놓치면 기회 손실이 큰 만큼 선점 투자가 무엇보다 중요했다."

하지만 반도체는 장치산업으로 본격적인 반도체 사업을 하려면 당장 4,000억 원의 투자가 필요했다. 당시 삼성그룹 전체의 연 시설투자 규모가 8,000억 원 남짓인 것을 감안 한다면 앞날이 불투명한 신규 사업에 그러한 대규모 투자를 할 결단을 내린다는 것은 힘든 일이었다.

30년 전에 반도체 사업의 미래를 밝게 전망하는 사람은 삼성 안에서도 찾아보기 어려웠던 것이다. 동물적인 사업 감각의 소유자였던 이병철 회장도 아들이 반도체 이야기를 꺼내면 이렇게 핀잔을 주었다.

"이놈아, 그 돈이면 TV를 몇 백만 대나 더 만들 수 있는데 그 쪼그만 것 만드는 데 쓰겠다는 거냐?"

하지만 이건희 회장은 끊임없이 미래산업의 변화상을 설명하면서 아버지에게 선진 감각을 불어넣었다. 그는 장인인 홍진기 중앙일보 회장에게도 그런 설명을 했고, 장인을 움직여서 아버지를 설득시키기도 했다. 그러자 홍진기는 이건희 회장의 혜안을 기특하게 생각해서 이병철 회장에게 이렇게 말했다.

"내가 외국에 나가봐도 사위의 얘기가 맞습디다."

그런 과정을 겪으면서 이병철 회장은 반도체의 중요성을 인식하게 되었고, 반도체 사업에 본격적으로 손을 대기 시작했다.

이건희, 21세기 신경영 노트

하지만 삼성의 반도체 사업이 처음부터 순탄한 과정을 겪었던 것은 아니다. 사업 초기 삼성은 후발주자로서 선두업체와의 간격을 하루빨리 줄여야 했지만 기술 장벽은 너무도 높아 기술 확보에 무진 애를 먹었다.

이병철 회장은 고민 끝에 평소 친분이 있던 일본 NEC의 고바야시 사장을 초빙하여 기술지원을 정중하게 요청했다. 그러다 1976년 NEC 엔지니어들의 방한이 이루어졌지만 그들은 차일피일 핑계를 대며 기술이전을 기피했고, 삼성반도체는 적자를 면치 못했다.

이건희 회장은 이건희 회장대로 반도체의 시련을 극복하기 위해서 전력을 다했다. 그는 1970년대 중반 무렵, 미국 실리콘밸리를 50여 차례나 드나들었을 만큼 반도체에 미쳐 있었다. 그는 아이비리그를 비롯해 미국 전역의 대학을 강의실까지 뒤져가며 반도체 분야를 전공한 한국계 연구 인력을 맨투맨으로 만났다. 그는 그렇게 찾아낸 30대 초반의 젊은 인재들을 400만~500만 원의 파격적인 월급에 아파트까지 제공하는 조건으로 대거 스카우트했다. 당시 삼성전자 사장 월급이 100만 원이었다는 점을 감안하면 그들에 대한 대우가 얼마나 파격적이었는지 알만 할 것이다. 그것이 훗날 삼성 반도체 신화를 낳는 밑거름이 되었다.

기술에 목말라 하던 이건희 회장은 반도체에 대한 선진 기술을 가지고 있던 미국 페어차일드사를 여러 차례 방문하여 기술 이전을 요청한 끝에 삼성반도체 지분의 30%를 내놓는 조건으로 승낙을 받아냈다. 그는 지분을 양보하더라도 기술 도입이 필요하다는 판단이 섰던 것이다.

하지만 문제는 거기서 끝나지 않았다. 기술 도입을 위해 미국 현지에 파견되었던 실무진들은 정말 당황스러운 결론을 내놓았다.

삼성의 기술 수준으로는 페어차일드의 64K D램 개발 신기술에 도전할 수 없다는 것이다.

참으로 안타깝고 막막한 일이었다. 이건희 회장은 그것이 한국의 실정이었고, 삼성의 한계인 것을 뼈저리게 느꼈다.

1979년 더 이상 반도체 사업을 방치할 수 없다고 판단한 이병철 회장이 직접 나섰다. 그는 당시 가전 · TV 생산담당이었던 김광호 이사를 반도체 사업부로 보내 사업을 정상화시키라는 특명을 내렸다. 김광호 이사는 서울대 공대 출신으로 동양방송 기술 담당으로 있으면서 탁월한 엔지니어 감각을 가진 것으로 알려져 삼성전자 가전 · TV 생산담당 이사로 발탁이 되었던 인물이었다.

당시 강진구 반도체 사장은 직원들에게 김 이사를 소개하면서 만약 김 이사가 온 후에도 삼성반도체를 살리지 못한다면 더 이상 반도체 사업을 계속할 수 없을 것이라며 배수진을 쳤다.

김광호 이사는 대방동과 부천으로 나뉘졌던 공장을 부천으로 통합하고, 80년 말 삼성반도체를 삼성전자에 인수 합병시키는 한편, 시계칩 시장을 집중 공략, 전 세계 시계칩 시장의 점유율을 60%로 끌어올리며 흑자회사로 변신시켰다. 그는 훗날 삼성전자 회장까지 지내게 된다.

그러나 반도체는 계속해서 진화하고 있었고, 삼성반도체가 갈 길은 아직도 멀었다.

2. 아버지의 결단

| 도쿄선언 |

두 번째 결단은 아버지의 몫이었다.

시대의 흐름을 빠르고 정확하게 간파했던 이병철 회장은 기민한 대처로 새로운 산업시대를 개척한 선구자적 기업가였다. 그는 무수한 기업들을 창업, 육성해 오는 동안 단 하나의 부실기업도 용납지 않음으로써 한국 경영자들의 귀감이 된 사람이었다.

1983년 2월, 이병철 회장은 도쿄에 머무르면서 반도체 신규투자에 대한 최종결심을 굳히고 있었다. 당시 삼성이 반도체에 사운을 건 투자를 하기에는 많은 위험이 도사리고 있었다. 선진국과의 심한 기술격차, 막대한 투자재원 조달, 고급 기술 인력의 확보, 공장 건설에 필요한 특수설비, 불투명한 시장전망 등 어느 것 하나 쉬운 것이 없었다.

그러나 이병철 회장은 최첨단사업인 반도체 사업을 포기하고 이대로 물러난다면 삼성이 첨단기술을 보유한 일등기업이 될 기회를 포기하고 마는 것이며, 그것은 선진국의 길을 포기하는 것과 마찬가지라는 신념에서 운명을 건 대 결단을 내렸다.

이병철 회장은 이러한 결단을 내리게 된 이유를 다음과 같이 호암자전에 기술하고 있다.

『삼성은 해방 후와 6.25동란 중에는 무역을 통해 물자조달의 기능을 맡았다. 휴전 후에는 수입 대체산업을 일으켜 한국경제가 원조경제에서 자립경제로 전환하는 기틀을 잡는데 노력을 아끼지 않았다. 이어 중화학 공업의 건설로 기간산업의 기반조성에 몰두했다.

이제는 그것을 터전으로 첨단기술 산업을 개척해야 할 시기가 되었다고 판단했다. 언제나 삼성은 새 사업을 선택할 때는 항상 그 기준이 명확했다. 국가적 필요성이 무엇이냐? 국민의 이해가 어떻게 되느냐? 또는 세계시장에서 경쟁할 수 있을까? 하는 것 등이 그것이다. 이 기준에 견주어 현 단계의 국가적 과제는 산업의 쌀이며 21세기를 개척할 산업혁신의 핵인 반도체를 개발하는 것이라고 판단했다.』

2월 8일, 도쿄에서 이병철 회장은 반도체 부문에 대한 대규모 투자를 결정하고 사운을 건 유명한 도쿄선언으로 64K D램 기술 개발 착수를 선언했다. 그러자 이미 우위를 점하고 있던 미국과 일본의 첨단기술 회사들은 그렇게 쉽지만은 않을 것이라며 냉소적 반응을 보였다. 그러나 이병철 회장은 일본이 성공적으로 이룩한 고부가가치 산업, 하이테크 산업에 깊은 인상을 받고 있었고, 앞으로 나아갈 길은 그것뿐이라는 확신을 가졌다.

그 후 이병철 회장은 반도체 사업을 진두지휘하면서 한국 반도체의 신화를 이끌어 냈다. 그는 우선 부천공장을 대체할 대규모 반도체공장 부지의 물색에 나섰다. 후보지로 수원, 신갈저수지 부근, 관악골프장 부근, 판교 부근, 기흥이 선정됐다. 이병철 회장은 직접 국내외 지질·수질 전문가들과 함께 헬기를 타고 조사한 끝에 그해 12월 18일 기흥지역을 최종 낙점했다.

하지만 당시 기흥은 절대농지에다 산림보존지역으로 공장 설립이 불가능한 곳이었다. 이병철 회장은 내무부장관을 역임했던 최치환 반도체부문 사장과 함께 정부를 끈질기게 설득해 1차로 10만평에 대한 허가를 얻어내는 데 성공했다.

그 후 이병철 회장은 기흥공장 건설에 삼성의 모든 것을 쏟아 부었다. 이 과감한 결단과 투자는 이병철 회장이 지닌 대담한 기업가 정신과 기업 이니셔티브를 보여주는 좋은 예라고 할 수 있다. 그는 이 결단으로 소비재 중심 재벌, 이익만 추구하는 장사치라는 오명을 깨끗이 벗고, 삼성을 세계 일류기업군에 들어서게 하는 첫발을 내디뎠던 것이다.

공장을 짓는 동안 삼성은 기술 장벽을 넘어서기 위해 이윤우 당시 개발실장(현 삼성전자 부회장)이 기술진을 이끌고 일본의 기술을 배우기 위해 일본을 찾았다. 하지만 그 어느 회사도 기술 전수에 인색했다. 이윤우는 하는 수 없이 반도체에서는 2류에 속했던 샤프사를 찾아갔다. 하지만 샤프사에서도 삼성 기술진들을 기술 연수생 대우를 하면서, 생산 공정은 자유롭게 견학할 기회를 주지 않았다.

삼성의 박사급 연구원들은 샤프사의 고졸 출신 엔지니어 뒤를 졸졸 따라다니며 어깨너머로 생산 공정을 훔쳐봐야만 했다. 이것은 기술 없는 회사가 겪어야 하는 설움이었다. 이윤우는 기흥 공장이 완공되자 그때의 서러운 경험을 되새기며 반도체 개발에 박차를 가했다.

| 기흥 반도체 단지 |

삼성은 기흥 반도체공장 건설에 설계와 공사를 병행하는 속전속결의 전략을 펼쳤다. 그 결과 보통 1년 반이 걸리는 공사를 6개월 만에 완공했고, 제품 생산을 2년이나 단축했다. 이렇게 전력투구를 한 결과 삼성은 64K D램 기술 개발 착수를 발표한 지 10개월 만인 1983년 12월에 미국과 일본에 이어 세계에서 세 번째로 64K D램을 독자 개발해 내는 데 성공했다. 그러자 세계 반도체 업계는 믿을 수 없다는 반응을 보이며 충격을 감추지 못했다.

하지만 이러한 기적에 가까운 기록은 곧 평가절하 되었다. 아쉽게도 설계기술이 힘에 부친 삼성은 64K D램 설계를 미국의 마이크론의 설계도를 기반으로 제품 개발을 했던 것이다. 이러한 평가에 자존심이 상한 삼성 기술진은 256K D램의 자체 개발에 나섰고, 1984년 10월 드디어 삼성의 순수 설계로 256K D램의 자체 개발에 성공했다.

삼성이 이렇게 놀라운 결과를 얻을 수 있었던 것은 256K D램을 개발할 때 기존의 4인치 웨이퍼에서 5인치를 거치지 않고 곧바로 6인치 웨이퍼를 사용키로 결정했기 때문이었다.

당시 6인치 웨이퍼를 쓰는 기업은 극소수였지만 속도전에서 승리하지 못하면 이길 수 없다는 판단하에 무리를 해서라도 지름길을 선택했던 것이 1.4배의 생산성 향상 효과를 낳았다.

또 삼성은 독자 개발과 기술 도입, 기술 단계가 다른 제품의 동시 개발, 기술 개발과 생산라인 건설 동시 진행 등 여러 가능성을 동시에 추진하는 '병렬 개발 시스템'을 효율적으로 운용하여 실패

이건희, 21세기 신경영 노트

위험을 줄이고 시간을 버는 데 성공했다.

그러나 본격적인 빈도체 개발에 들어가 제품이 출하되기 시작하자 일본의 반도체업계는 삼성의 시장 진입을 방해하는 공작을 펴기 시작했다. 일본 업체들은 삼성이 64K D램을 본격 생산하기 시작하자 삼성을 고사시키기 위해 덤핑으로 물건을 출고하기 시작했다.

미국은 일본의 칩 메이커들에 반덤핑 관세를 매기기에 바빴다. 설상가상으로 1984년과 1985년에 전 세계는 극심한 반도체 불황에 빠져들었다. 국제 시장에서 64K D램 가격은 대거 폭락했고, 삼성은 한 해에 수천억 원씩 적자를 보는 대규모 손실을 입어야 했다. 재계 일각에서는 삼성이 반도체 때문에 자멸할지도 모른다는 우려를 하는 사람들도 있었다.

당시의 불황은 반도체 선발업체인 인텔마저 D램 사업을 포기하게 만드는 결과를 낳았지만, 삼성은 오히려 256K D램, 1M D램 등 설비 투자를 늘리며 버텨나갔다. 많은 사람들이 그때 삼성이 버티지 않았더라면 지금의 삼성은 없었을 것이라는 데 동의하고 있다.

| 반도체 1위 기업이 되다 |

이를 계기로 삼성은 일본에 의지하던 기술개발을 미국 쪽으로 선회했다. 그리고 미국 회사에서 근무하던 한국인 기술자의 결정적인 도움을 받아 차세대 제품의 개발에 성공할 수 있었다. 다행히 1986년부터 세계시장에서 반도체 가격이 상승하기 시작해 삼성은

명운을 가르는 갈림길에서 성공의 길로 들어설 수 있었다.

여기에는 삼성의 기업전략이 주효했다. 삼성의 기업전략이란 과거 일본처럼 미국 회사에서 기술을 사들이고, 해외의 확실한 수요자 없이도 수출한다는 생산전략이었다.

그 후 삼성은 기술독립의 필요성을 뼈저리게 느끼고, 자체 기술 개발에 매달린 결과 진정한 성공을 거머쥐게 되었다. 국제시장에서 일본과 경쟁을 벌여 승리함으로써 마침내 세계 1위를 차지하고 초일류기업의 반열에 서는 쾌거를 이룩한 것이다. 삼성의 이러한 성공은 국내 경제에도 막대하게 기여해 삼성반도체는 1992년 1위에 처음으로 오른 이후 단 한 차례도 선두를 빼앗기지 않고 14년 연속 수출 1위의 자리를 지키고 있다.

이병철 회장은 기업의 부침이 심한 우리나라에서 50년 간 사업가의 길을 걸어오며 재계 정상의 자리를 지켜온 거목이다. 그는 일단 사업에 손을 대면 언제나 우리나라 제일의 기업으로 만들었고, 그의 손을 거친 물건은 믿을 수 있다는 신화를 창조해 냈으며 반도체 사업에서도 성공을 거둠으로써 국제경쟁사회에서 기술 한국의 이미지를 부각시키는 데 성공했다. 하지만 삼성의 사운을 건 반도체 사업은 이병철 회장의 생전에는 빛을 발하지 못했다.

삼성반도체는 계속적인 적자를 면치 못하다가 이병철 회장이 작고한지 1년 뒤인 1988년에 이르러서야 그동안의 누적적자를 메우고도 3,000억 원이 넘는 흑자를 내는 경이적인 성장을 이룩했다.

이건희 회장이 시동을 건 삼성의 반도체 사업은 묘하게도 창업주가 타계한 이듬해부터 흑자구도를 만들어 냄으로서 2세 경영인인 이건희 회장의 입지를 공고히 굳히고, 선친의 그늘로부터 벗어나 그룹 총수의 자질을 검증받게 만드는 절묘한 타이밍을 제공해 주었다.

삼성은 D램 시장이 호황을 누리던 1994년, 반도체 부문에서만 약 3조 원 이상의 영업이익을 올리는 등 막대한 성과를 거두며 세계적인 기업으로 도약하기 시작했다. 특히 1990년대 후반 반도체 경기가 극심한 불황을 겪을 때에도 삼성은 흑자 기조를 유지함으로써 일등기업은 불황에도 살아 남는다는 신화를 창조해 냈다.

그 후 삼성은 D램 반도체 분야에서 14년째 세계 1위를 고수하고 있고, 삼성은 물론 대한민국을 먹여 살리는 효자 노릇을 톡톡하게 하고 있다. 반도체 사업에 대한 이건희 회장의 선견력을 가진 투자 결정은 10년 뒤에 비로소 꽃을 피운 셈이고, 그것은 삼성이 세계 최고의 IT 기업으로 성장하는 데 결정적인 역할을 한 셈이다.

2000년, 삼성전자가 6조 원의 흑자를 내자 세계 시장이 호황인 탓이라고 보는 시각이 우세했지만, 다음해 전 세계적인 IT업계의 불황이 몰아닥치고 세계적인 기업들이 적자의 늪에 빠져들 때도 삼성은 2조 9,000억 원의 흑자를 냈다. 그리고 2002년, 2003년, 2004년에도 지속적인 대규모 흑자를 내자 전 세계가 삼성을 주목하기 시작했다. 삼성의 이러한 성공은 10년 이상을 내다본 이건희 회장의 혜안에 기인하는 것으로 보아야 한다. 이처럼 미래를 읽는 경영자의 힘은 아무리 강조해도 지나침이 없다.

2004년 12월 6일, 삼성은 반도체 사업 30주년 기념식에서 2010년까지 25조 원을 투자해 누적매출 200조 원을 달성하고, 신규 일자리 1만개를 창출하기로 결의했다.

또한 삼성은 2005년 9월 30일, 오는 2012년까지 반도체 부문에 사상 최대 규모인 330억 달러를 투자하여 세계 최대 반도체 단지 조성계획을 발표했다. 이는 지난 1993년 이후 줄곧 1위를 지켜온 기업으로서 위상을 더욱 확고히 하는 동시에 차세대 반도체인 P램과 F램 등의 부문에서도 세계시장을 석권해 제2의 반도체 신화를 이어가겠다는 의지를 나타낸 것이다.

2012년까지 예정대로 투자가 진행되면 삼성은 경기 기흥과 화성, 동탄을 잇는 91만 평에 연구개발(R&D)과 생산, 영업, 지원시설이 총집결된 세계 최대 반도체 클러스터를 완성하게 된다.

업계의 전문가들은 삼성이 전체 투자 여력 중 40% 이상을 비메모리반도체(시스템LSI)에 집중할 것으로 전망하고 있는데 이것이 현실화 될 경우 삼성은 인텔을 넘어설 수 있는 발판을 마련할 수 있을 것으로 보인다.

삼성의 이번 투자는 지난 1974년 반도체 사업을 시작한 이후 최대 규모인데 4GB와 8GB 용량의 대용량 D램, 32GB 및 64GB 이상의 낸드플래시메모리 등 차세대 제품을 조기에 개발해 2010년을 기점으로 인텔을 잡고 세계 1위 기업으로 부상하겠다는 야심의 표명으로 보인다.

실제로 삼성전자 반도체총괄 황창규 사장은 최근 삼성전자 반도체의 목표는 당연히 양적 · 질적 공히 세계 최정상이라며 메모리가 물론 주역을 담당해야 하겠지만, 시스템 LSI 경쟁력 강화 및 메모리-시스템 LSI간 시너지 극대화가 선행되지 않고서는 절대로 달성할 수 없는 목표라고 말해 메모리와 비메모리 동반 성장 전략을 통해 세계 1위 반도체 회사로 도약할 것임을 분명히 했다.

그는 또 최강의 경쟁력을 자랑하고 있는 반도체 부문에서의 자신감을 이렇게 피력하고 있다.

"현재 우리나라의 수출 1위 품목인 반도체는 5년이나 10년이 지나도 위상이 그대로일 것이다. 반도체 시장은 나노기술이 모바일, 디지털, 유비쿼터스, 디지털 융·복합화 등의 추세와 맞물려 빅뱅을 예고하고 있기 때문이다."

삼성은 현재 D램 14년, 메모리 13년, S램은 11년 내리 세계 1위를 지키고 있고, 향후 10년 간 그 어떤 기업도 삼성을 앞서거나 필적할 기업이 없을 것으로 보인다.

삼성전자 반도체 사업 일지

▲ 1974년 : 한국반도체 인수로 반도체 사업 진출

▲ 1983년 : 이병철 회장의 도쿄선언(반도체 사업 본격화)

　　　　　미국, 일본에 이어 세계 3번째 64K D램 개발

　　　　　기흥공장 착공

　　　　　삼성반도체통신 설립

▲ 1988년 : 삼성전자, 삼성반도체통신 합병

▲ 1992년 : 64M D램 세계 최초 개발

　　　　　D램 시장 세계 1위

▲ 1993년 : 세계 메모리반도체 1위

▲ 1994년 : 256M D램 세계 최초 개발

▲ 1996년 : 1G D램 세계 최초 개발

▲ 2001년 : 4G D램 세계 최초 개발

▲ 2002년 : 황창규 사장의 메모리 신 성장론(황의 법칙) 발표

▲ 2003년 : 플래시메모리 세계 1위

▲ 2004년 : 삼성 반도체 사업 진출 30년

　　　　　60나노 8G 플래시메모리 개발

▲ 2005년 : 60나노 16G 플래시메모리 개발

　　　　　화성반도체 제2 단지 착공

기업에도 정글의 법칙이 있다

나는 TV에서 방영되는 다큐멘터리를 거의 빼놓지 않고 본다. 시간이 맞지 않을 때에는 녹화해 두었다가 나중에라도 본다. 우리 집 지하에 있는 서재에는 그렇게 녹화한 비디오테이프가 1,000개쯤 있는데 이것을 회사의 정보센터에 보내 여러 사람들이 돌려 보도록 하고 있다. 언젠가는 우리가 처한 현실을 되돌아 보게 하는 동물에 관한 다큐멘터리를 본 적이 있다. 깊은 숲 속에는 백수의 왕 호랑이부터 순하기 그지없는 토끼에 이르기까지 수많은 육식동물과 초식동물이 어울려 살고 있었다. 이렇게 한 숲에서 어울려 살지만 살아가는 방식은 제각기 다르다.

호랑이는 며칠에 한 번씩 사냥하면 되지만 토끼는 먹을 것만 있으면 때를 가리지 않고 먹는다. 힘센 동물들에게 쫓기면서 살아가느라 한시도 마음을 놓을 수 없는 것이다. 약자가 강자에게 먹히는 정글의 법칙이 바로 자연계의 먹이사슬이다. 한 번 호랑이로 태어나면 일(日) 단위로 여유롭게 살아갈 수 있지만 토끼로 태어나면 초(秒) 단위로 생존을 다퉈야만 한다. 부지런히 노력한다고 해서 이러한 먹이사슬의 굴레에서 벗어날 수는 없다. 타고난 운명대로 살아가야만 하는 것이 자연의 법칙이다.

그렇다면 기업의 경우는 어떠한가? 기업에도 강자가 있고, 약자가 있다. 기업세계의 정글은 바로 시장이며, 자유경쟁이라는 시장의 법칙이 존재한다. 시장에서 살아남기 위한 기업 간의 경쟁은 치열하다. 시장점유율을 높이고 고객의 마음을 얻기 위해 매 순간 사투를 벌이고 있다고 해도 과언이 아니다. 그러나 기업은 자연계와는 달리 주어진 운명이 없다.

기업은 스스로의 노력에 의해 시장에서 호랑이가 될 수도 있고 토끼가 될 수도 있다. 호랑이로 태어나 토끼로 전락할 수도 있고, 토끼로 태어났지만 견실하게 경쟁력을 쌓으면 어느 날 호랑이로 변신할 수 있다는데 기업 경영의 묘미가 있다. 처음부터 대기업으로 출발한 기업은 없다. 마이크로소프트사 같은 세계적 기업도 처음에는 보잘것없는 중소기업에서 출발하여 오늘날 정보산업 분야의 신데렐라가 되었다.

기업에는 영원한 강자(强者)도 절대적 패자(敗者)도 없다. 지난 세기 동안 계속해서 100대 기업으로 자리매김하고 있는 기업은 미국의 경우 22개에 불과하고, 우리나라도 16개밖에 되지 않는다. 경쟁이라는 시장의 법칙에 적응하지 못하면 링 밖으로 쫓겨날 수밖에 없는 것이 기업의 운명이다.

몇 년 전 하루 평균 20개꼴로 중소기업이 부도나던 어려움 속에서도 성장을 계속한 어느 중소기업이 초관리 경영을 한다고 해서 화제가 된 적이 있다. 이 중소기업은 스피드를 경쟁 무기로 삼았다고 할 수 있다. 이런 차별화 하려는 노력이 절대 강자가 되지 않고도 시장에서 살아남는 지혜일 것이다. 시장과 환경은 매순간 변한다. 경영자는 시장의 변화를 꿰뚫어 보면서 기업의 정글의 법칙에 정통해야 한다. 기업의 운명 즉, 호랑이가 되느냐, 토끼가 되느냐는 전적으로 기업 경영자의 능력과 수완에 달려 있다.

이건희 회장 에세이 『생각 좀 하며 세상을 보자』에서

이건희는 누구인가

21C Neo-Management Note

1. 고독한 황태자

| 어린 시절 |

이건희 회장은 1월 9일 대구 중구 인교동 61(현 성내3동)에서 삼성그룹 창업주인 이병철 회장의 8남매 중 셋째 아들로 태어났다. 그는 태어나자마자 아버지의 고향으로 보내져 할머니 밑에서 자랐다. 어머니가 사업하는 아버지의 뒷바라지를 위해 대구에 나가 있었기 때문이었다. 그가 엄마 품에 처음 안겨본 것은 네 살 때였고, 그 전까지는 할머니를 어머니로 알고 자랐다.

그가 대구에서 자란 곳은 아버지가 경영하는 4층짜리 삼성상회 사무실 바로 옆의 가정집이었다. 서문시장 옆에 붙어 있는 그의 생가는 기계공구상에게 팔렸고, 지금 그 터엔 공구상 건물이 들어서

있다. 이건희 회장은 방이 4개 있는 그 집에서 부친 내외와 3남 5
녀, 일꾼 등 모두 열다섯 식구와 함께 살았다. 그는 그곳에서 유치
원을 다니다가 아버지가 사업장을 서울로 옮기던 1947년 서울로
올라와 서울 혜화초등학교에 들어가게 된다. 하지만 그는 초등학
교 시절에 6·25 전쟁을 만나 피난을 다니는 통에 초등학교를 무
려 다섯 차례나 옮겨야 했다.

그러다가 초등학교 5학년 때 일본을 배우라는 아버지의 지시에
따라 일본으로 유학을 떠나야 했다. 그래서 이건희 회장은 부모와
함께 지낸 추억을 거의 가지지 못하고 자라났다. 그는 일본에서 둘
째 형 창희와 자취생활을 했지만 나이가 9살이나 터울이 지는 탓
에 함께 하는 시간이 별로 없었고, 대부분의 시간을 혼자서 지내야
했다. 그때 소년 이건희는 학교에서 친구들로부터 조센징이라는
놀림을 받았던 탓에 친구를 아예 사귀지도 못하고, 혼자 영화를 보
는 것으로 시간을 때웠다. 그 무렵 그가 본 영화가 1,300편이 넘는
다고 한다. 그는 학교에 가지 않는 날에는 하루 종일 극장에 가서
영화를 보며 지냈다. 그는 훗날 그 시절을 이렇게 회상했다.

"나면서부터 떨어져 사는 게 버릇이 되어 내성적인 성격이 되었
어요. 저희 남매들이 부모님과 함께 다 모인 게 손가락으로 셀 정
도였습니다. 중학교 3학년 때 처음으로 온 가족이 모두 모이게 되
어 사진관에 연락해 사진을 찍은 적이 있으니까요. 그래서 그런지
지금도 혼자 있거나 떨어져 있는 건 아무렇지도 않아요. 가장 감성
이 민감한 때 일본에 머무르게 되어서 민족차별, 분노, 객지에서의

외로움, 부모에 대한 그리움, 이런 걸 모두 느꼈습니다. 그래서 지금도 일본에게는 뭐든지 지고 싶지 않아요. 상품은 물론이고 레슬링, 탁구 뭐든지 일본에 이기면 즐거워요."

이건희 회장은 일본에서 초등학교를 다니는 동안 영화와 책, 그리고 생각에 잠기는 것이 전부인 삶을 살았다. 일본에서 초등학교를 졸업한 후, 중학교에 들어간 이건희 회장은 더이상 외로움을 견디지 못하고 아버지를 졸라 서울로 돌아와 서울 사대부중에 입학했다. 그러나 그는 한국에서의 생활에서도 잘 적응하지 못했다.

가족들은 각자의 생활을 하고 있어서 여전히 자주 만날 수 없었고, 친구도 쉽게 사귀지 못했다. 이건희 회장이 평소에 대외적으로 잘 드러나지 않는 성격을 가지게 된 것은 외로웠던 어린 시절의 영향이 크다고 볼 수 있다. 그는 골프도 혼자서 치는 것을 즐길 만큼 남들과 번잡스럽게 어울리는 것을 좋아하지 않는다.

최근에 전경련의 재계 원로들이 집까지 찾아가 회장직을 맡아줄 것을 부탁했지만 결국 고사한 것도, 여러 가지 복잡한 이유가 있겠지만 남들과 어울리는 것을 싫어하는 그의 성격에 기인하는 것이라는 분석이다.

어려서부터 혼자 지내는 데 익숙해져서인지 그룹 회장이 된 이후에도 대외적으로 언론 등에 나서지 않고, 취미생활도 대부분 혼자 즐기는 쪽을 선호했다. 특히 젊은 시절에는 혼자 사는 사람이 많이 키우는 애완견에 몰두했다는 것은 재계에서도 이미 유명한 이야기다.

| 학창시절 |

이건희 회장은 중 · 고등학생 시절에도 여전히 조용하고 차분한 아이였다. 그는 당시 친구들로부터 서툰 한국 발음과 무의식적으로 배어나오는 일본에서의 습관 때문에 쪽발이라는 놀림을 받으며 여전히 외로움을 타야만 했다.

고등학교에 올라가자 그는 의외로 레슬링부에 들어가 선수로 활동하기 시작했다. 그것은 그가 일본에 있을 때 한창 프로 레슬링이 유행했는데 당시 가장 유명했던 역도산을 무척 좋아한 것이 레슬링을 하게 된 동기라고 한다. 그는 레슬링에 출중한 재능을 나타내 웰터급 선수로 전국 규모의 대회에 나가서 수상할 정도의 실력을 보였다. 하지만 연습 중에 눈썹 부근이 찢어지는 불상사가 일어나는 바람에 가족들의 반대로 레슬링부를 떠나야 했다.

이때의 인연으로 이건희 회장은 훗날 한국레슬링협회 회장을 맡았는데, 그는 해외에 나갈 때마다 유럽 등 레슬링 강국의 훌륭한 선수나 코치가 있으면 아무리 오지라도 찾아가 그들의 경기모습과 기술을 배워 왔다. 그리고 특히 훌륭하다고 생각되는 사람은 국내에 초청해서 우리 선수들이 그들의 기술을 배울 수 있게 했다. 그 결과 한국은 올림픽에 나가 레슬링 부문에서 수없이 많은 메달을 딸 수 있었다.

서울대학교 사범대학부속고등학교 동기생인 홍사덕 전 의원은 고교시절 이건희 회장과 비교적 절친하게 지냈는데, 그는 이건희 회장의 세상을 바라보는 독특한 시각에 깜짝 놀라거나 압도당하는 일이 많았다고 회상했다. 어떤 때는 자신이 한참씩 궁리해야 비로

소 말뜻을 알아들을 때가 허다했다는 것이다.

'이익을 내지 못하는 기업은 사실상 나라를 좀먹는 존재다', '나는 사람에 대한 공부를 제일 열심히 한다' 등등 이건희 회장은 평범한 고등학생으로는 생각도 해보지 못할 소리를 늘 내뱉었던 것이다. 홍사덕은 당시의 이건희 회장을 이렇게 회고했다.

"건희는 늘 깊은 생각에 빠져 있었다. 생각이라기보다 묵상에 가까웠다. 그때도 지금처럼 무표정한 얼굴로 말이 거의 없었다. 친구들이 말을 걸면 돌아오는 답은 '응', '아니' 뿐이었다. 동작도 느릿느릿했고 한 번도 놀라는 것을 보지 못했다. 그래서 너는 천둥벼락이 내리쳐 다른 놈들은 다 기절해도 터덜터덜 집에 가 다음 날 아침에서나 기절할 놈이라고 놀려줬다.

건희는 어쩌다 입을 열면 싱거운 소리를 잘했는데, 더러는 충격적일 만큼 독특한 시각과 발상을 내비쳤다. 그런 말을 앞뒤 설명도 없이 본체만 툭툭 던졌는데, 책깨나 팠다고 거들먹거리던 나도 한참을 생각해 봐야 겨우 뜻을 짐작할 수 있었다. 가령 '미국에서 차관을 많이 들여와야 미국의 이해관계 때문에 우리 안보가 튼튼해진다.'라든가 '공장을 지어 일자리를 많이 만드는 게 그 어떤 웅변보다 애국하는 길이다' 등등 내가 상상도 하지 못했던 분야에 대해 그는 특유의 싱거운 표정으로 이런 저런 얘기를 들려줬다.

건희는 생각도 많았지만 그것들은 제각기 연결돼 하나의 얼개를 이뤘다. 여러 구조물이 공학적으로 긴밀하게 서로 연결돼 거대한 건물을 지탱하듯, 한 가닥의 실만 잡아당기면 실타래 전부가 풀려

나오듯, 그와 얘기해 보면 음악이나 미술과 같은 분야의 화두를 열어도 기업경영, 국가, 인류의 주제로까지 자연스럽게 이어졌다. 그는 북(鼓)과 같은 친구였다. 작게 두드리면 작게, 크게 두드리면 크게 울려오는 북……. 그것은 묵상과 직관의 힘이었다."

그러면서 홍사덕은 이건희 회장이 보다 실제적인 면에서도 남다른 감각과 세상을 보는 눈을 일찍부터 가지고 있었음을 증언하고 있다.

"당시 삼성에서 간부 한 분이 내쳐졌어요. 그런데 고교생 건희가 아버지(고 이병철 회장)께 그분의 복권을 고집스레 건의하더군요. 그분은 나중에 삼성 발전에 큰 기여를 했지요. 당시 건희에게 '고등학생이 뭘 안다고 그러느냐?'고 물어봤어요. 그랬더니 건희가 그러더군요. '나는 사람에 대한 공부를 제일 열심히 한다'고."

이건희 회장은 고등학교를 졸업하고 1965년에 다시 일본으로 유학을 떠나 와세다대학교에서 공부했다. 홍사덕은 이건희 회장이 대학생이 되었을 때 이런 일이 있었다고 한다.

"와세다 대학에 다니다가 방학을 맞아 돌아왔을 때 그는 다시 한 번 나의 기를 죽여 놓고 갔다. 차를 몰며 드라이브를 즐기던 우리가 제2한강교(지금의 양화대교)에 닿았을 때다. '이게 우리 기술로 만든 다리다. 대단하지?'라고 말하자 '이놈아, 생각 좀 하면서 세상을 봐라. 한강은 장차 통일되면 화물선이 다닐 강이다. 다리 한 복판 교각은 좀 더 길게 잡았어야 할 것 아이가' 실로 괴이한 두뇌의 소유자였다."

와세다 대학교 상과대학을 졸업한 그는 1966년 9월 미국 조지워싱턴 대학교 경영대학원에서 MBA 과정을 마치고 귀국한 뒤, 24세의 나이로 삼성그룹 경영 일선에 참여하기 시작했다.

2. 타고난 엔지니어 정신

| 엔지니어 정신의 소유자 |

"나는 어려서부터 수없이 많은 물건을 구매하여 뜯어보았다. 그 속을 들여다 보고 싶었기 때문이다. 나는 이러한 일을 누구보다도 많이 했다고 자부한다. 이러한 활동을 통하여 사물의 외관이 던지는 의문에 대해 겉모습뿐 아니라 그 이면까지도 들여다 보는 훈련을 받을 수 있었다. 사물의 본질은 그것에 대해 최대한 다각적으로 접근할 때 가장 분명하게 드러날 수 있다고 생각한다.

그것의 변화 가능성, 전체적인 문맥에서 가지는 의미 등을 여러 각도로 생각하는 것이다. 물론 이것이 본질에 이르는 유일한 방법은 아니겠지만 적어도 유력한 방법은 된다고 믿는다. 그래서 지금도 나는 TV를 세 번 이상 재미있게 보고도 TV 수상기의 내부에 관심이 없는 사람이라면 훌륭한 경영자라 할 수 없다고 생각한다."

이것은 이건희 회장의 인생철학과 경영관을 단적으로 보여주는 말이다. 그는 일본 와세다 대학에서 경제학을, 미국 조지워싱턴 대학에서 경영학을 전공했다. 하지만 그는 직접 전자제품을 분해해 보고 조립하는 취미를 가진 탓에 오디오, VTR, 심지어 자동차마저도 뜯어보고 조립할 줄 아는 실력을 갖추게 되었다. 나아가 그 취미를 엔지니어링 경영에 접목시켜 각 분야에서 전문가 못지않은 전문 지식을 갖추고 있다. 그는 세계 어느 경영자보다 과학기술을 중시하는 사람이고, 그러한 엔지니어 정신에 투철한 경영을 하는 것으로 알려져 있다.

이건희 회장은 심지어 이런 철학적인 말까지 남겼다.

"사물의 본질을 알지 못하면 주체적인 삶을 살 수 없다. 수동적인 존재, 겉도는 존재로 남고 만다. 가령 지하철을 타더라도 그 운행 원리를 알지 못하면 그것은 타는 것이 아니라 그것에 태워지는 것에 불과하다. 삶이란 언제나 그러한 것이다."

그의 취미 중 가장 독특하고 괄목할 만한 성과를 거둔 것은 각종 기계의 분해와 조립이라고 할 수 있다. 그는 유학시절부터 중고차나 전자제품을 사서 그 원리를 알기 위해 뜯어보고 다시 조립해 보곤 했다. 그 결과 휴대폰이든 오디오든 웬만한 첨단기기를 직접 분해하고 조립할 수 있는 능력을 가진 것으로 알려져 있다.

일본과 미국 삼성 본사의 주요업무 중 하나는 선진제품의 개발 동향이나 컴덱스 쇼 등 전시회 관련 비디오나 신제품을 회장에게 보내는 것이다. 또한 삼성전자에서 개발하는 신제품은 항상 회장에게 가장 먼저 보내진다.

제품을 받아본 이건희 회장은 GE, 노키아, 소니 등 경쟁사의 신제품과 삼성 제품을 비교한다. 그런데 놀라운 것은 단지 비교만 하는 게 아니라 직접 그 제품을 사용해 보는 것은 물론, 어떤 경우에는 제품을 분해해 보고 재조립해 보면서 매우 구체적으로 비교 분석한다는 점이다. 삼성에서 라인스톱 제도나 비교전시 경영이 가능했던 것은 이 회장의 이러한 엔지니어 정신과 관련이 있다.

세상에는 컴퓨터 작업은 직원들에게 시키면 된다고 믿는 경영자들이 많다. 그러나 이 회장은 '자신이 잘 모르는 일을 하는 사람의 생산성을 무슨 수로 평가한단 말인가?' 하고 묻는다.

그는 생산관리와 품질향상은 설비생산성의 향상만으로 해결되지 않는다는 것을 잘 알고 있다. 제품의 경쟁력은 생산량에 대한 경쟁력이 아니라 생산관리 방법의 경쟁력이라고 강조하면서 제품은 엔지니어 경영자가 만들어야 한다는 지론을 가지고 있는 것이다. 그 결과 그의 엔지니어 경영철학이 생겨났다. 이 회장의 취임 이후 삼성이 엔지니어 중심의 경영을 하게 된 데도 이러한 엔지니어링 정신이 작용한 것으로 평가받고 있다.

그래서 1987년 이건희 회장이 취임한 이후 삼성전자에는 자연스럽게 엔지니어 CEO들의 전성시대가 도래했다. 이 회장은 '기술의 진행 방향을 아는 사람이 전자 CEO를 맡아야 한다'며 관리 부문 출신 사장을 테크노 CEO인 강진구 사장으로 교체했다. 그 후 삼성전자는 강진구 – 김광호 – 윤종용으로 이어지는 테크노 CEO들의 활약으로 반도체, 휴대폰, LCD로 이어지는 월드베스트 상품을 만들어내 세계 초일류기업의 대열에 선착하게 된다.

┃ 사물의 핵심에 다가서는 성격 ┃

이건희 회장은 미국 유학 생활 1년 반 동안 승용차를 여섯 번이나 바꾸었는데, 그 이유는 재벌 2세로서의 호사 취미라기보다 차를 보다 잘 알기 위해서였다는 사실은 잘 알려져 있는 일이다. 1989년 12월 〈월간조선〉의 기사를 보자.

『제가 처음 산 차는 이집트 대사가 타던 차였어요. 새 차를 사놓고 50마일도 안 뛰었는데 아랍전쟁이 터져 본국으로 발령이 난 겁니다. 새 차가 6,600불 할 때 그걸 4,200불에 샀습니다. 그걸 서너 달 타고 4,800불에 팔았습니다. 600불을 남긴 거죠. 또 미국인이 1년도 안 탄 걸 사서 깨끗하게 청소하고 왁스 먹여 타다가 팔았죠. 이렇게 1년 반 사는 동안 여섯 번 차를 바꾸었는데 나중에 올 때 보니까 6~700불 정도를 벌었더라구요. 우린 힘이 남을 때니까 청소를 잘해서 몇 달 타고도 팔 때는 더 비싸게 팔 수 있는 거죠.』

(오효진, '삼성 뉴리더 이건희 회장')

사물의 본질을 알지 못하면 주체적인 삶을 살 수 없다는 것이 그의 지론이다. 그는 자동차를 6번이나 바꾸어 타면서 차에 대해 잘

이건희, 21세기 신경영 노트

알게 된 탓에 오히려 이문을 남기고 그 생활을 즐길 수 있었던 것이다. 기업도 이처럼 다각적이고 입체적인 사고를 하면서 거듭나야만 주체적인 기업으로 살아남는다는 것이 그의 생각이다. 다시 〈월간조선〉 1989년 12월호를 보면,

『제 성격이 여러 분야에 관심이 많고, 또 세계일류라면 특히 관심이 많습니다. 심지어 사기전과 20범이든, 절도전과 20범이든 어떤 사람이 대한민국 1등이라면 전 만나보고 싶고 얘기하고 싶고 그렇습니다.』

(오효진, '삼성 뉴리더 이건희 회장')

이처럼 이건희 회장의 관심은 외양적으로 드러난 사실이나 현상보다는 그 이면에 내재된 원리나 뜻을 파고드는데 있었다. 그는 독특하고 새로운 것을 그냥 지나치는 법이 없었다.

미래에 대한 선견력과 비전 제시는 어느 날 갑자기 생겨나는 것이 아니다. 미래를 직관적으로 느끼고 기회를 선점하는 전략을 세우기 위해서는 무엇보다 관련 분야에 대해 전문적인 지식과 사고력을 갖추고 있어야 한다.

이건희 회장은 청와대 정보팀에 뒤지지 않는다는 삼성 정보팀이 올려주는 최신 정보를 매일 접하고 있으므로 미래의 경영이나 기술이 어떻게 변화하는지 알 수 있는 유리한 입장에 있다. 그에게는 휴대폰이든 오디오든 웬만한 첨단 기기를 직접 분해하고 조립할 수 있는 능력도 있다. 또 일본인 고문을 비롯한 각계 전문가와 수

시로 대화를 나누며 상상력과 직관력을 키울 수 있는 위치에 있다. 그의 남다른 통찰력과 집중력은 이러한 여건 속에서 나온다고 볼 수 있다.

이처럼 이건희 회장의 직관형 코드는 IT산업과 딱 맞아떨어져 삼성을 초일류기업으로 키웠고, 그를 시대를 선도하는 인물로 만들어냈다.

3. 후계자 수업

| 후계자 이건희 |

이건희 회장은 셋째 아들로서 우리나라의 전통적인 장자 승계의 사고방식대로라면 후계자가 될 수 없었던 사람이다. 하지만 이병철 회장은 일찌감치 자식들의 숨겨진 재능을 간파했고, 태종 이방원이 그랬던 것처럼 셋째 아들을 후계자로 지목했다.

이병철 회장은 한때 한비사건에 휘말려 한국비료를 정부에 헌납하고 경영에서 손을 뗀 적이 있었다. 당시 이병철 회장은 장남 이맹희에게 자신을 대신해 삼성을 이끌어가도록 했고, 장자 승계는 저절로 이뤄지는 듯했다. 그러나 이병철 회장은 장남에게 경영권을 일임해 본 결과 많은 실망을 느낀 듯했다. 몇 년 후 이병철 회장은 경영에 복귀하면서 장남에게서 경영권을 거두어갔다. 이맹희 씨가 쓴 『묻어둔 이야기』에 이런 이야기가 나온다.

"1973년 여름, 아버지는 나를 부르더니 '니 지금 직함을 몇 개나 갖고 있노?' 라고 물었다. 내가 정확히는 모르지만 열댓 개 되는 것 같다고 했더니 '니가 다 할 수 있나?' 라고 되물었다. 아버지의 얼굴이 밝지 않았다. 그 전부터 뭔가 낌새를 채고 있었기에 다 잘할 수는 없심더라고 했더니 '그라모 할 수 있는 것만 해라' 고 말을 잘랐다."

그 후 얼마 지나지 않아 이건희 회장이 공식적으로 삼성의 후계자로 지목되는 일이 벌어졌다. 1976년 9월, 폐암에 걸린 이병철 회장은 수술을 위해 일본으로 출국하기 전날 밤 전체 가족들을 불러 모았다. 그는 이날 가족회의에서 '앞으로 삼성은 건희가 이끌어가도록 하겠다' 고 폭탄선언을 했다. 그리고 이병철 회장은 1978년에 이건희 회장을 삼성그룹 부회장에 임명함으로써 후계구도를 공식화했다.

당사자인 이건희 회장은 그 과정을 1993년 8월 〈신동아〉에 다음과 같이 얘기하고 있다.

『73년인가 후계구도가 내부적으로 정해질 때 선대 회장께서 '맹희도 안 되겠고, 창희도 안 되겠다. 건희 니가 해야겠다' 고 하셨어요. 그 전까지만 해도 중앙일보와 동방생명, 중앙개발 3개사가 내 앞으로 되어 있었거든요. 집안에서도 나는 성격이 사교적이지 못해 기업가로선 잘 안 맞는다고 되어 있었고, 선대 회장도 '골치 아픈 건 니가 할 것 뭐 있노?' 했었어요.

동방생명의 자금에 중앙매스컴, 그땐 TBC도 있을 때죠. 부동산 회사까지 있으니 남부러울 거 없었죠. 하지만 아버지의 집념에 몰렸어요. 어물어물하다가 하게끔 몰린 것이죠. 그러다 1974년쯤인가 3개해서 골치 아프나 10개해서 골치 아프나 같은 거 아니냐, 그런 생각이 들었고. 나도 한다고 하니 1978년인가 1979년에 후계자가 됐다고 발표를 했죠.』

(이인길, '나는 그 동안 속아 살았다')

| 준비된 황태자 |

이건희 회장이 훗날 시대를 앞서가는 경구를 발하고, 시대를 예견할 수 있었던 것은 그만큼 많은 공부와 생각과 정신적 단련을 했기 때문이다.

그는 이 땅에서 처음 공식적으로 인재 제일을 부르짖으며 자기 인생의 80%를 인재를 키우는 데 투자했던 사람을 아버지로 가지고 있는 행운아였다. 이건희 회장 개인으로서야 어린 시절 부모 곁을 떠나 머나 먼 타국 땅에서 조센징이라는 놀림까지 당하며 외롭게 자라난 것이 마땅치 않을 런지 모르지만 그의 아버지 이병철 회장이 아들을 제대로 가르치기 위해 엄격한 교육을 시킨 것은 부인할 수 없는 사실이다.

이건희 회장도 자랄 때 환경이 중요하다는 것은 자신의 체험으로 느끼고 이렇게 말하고 있다.

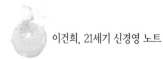

이건희, 21세기 신경영 노트

"저는 광복이 되던 해인 네 살 때부터 경제를 알았다고 얘기를 합니다. 선대 회장께서 삼성상회를 운영하셔서 매일 주판을 놓고 물건을 사고 팔고 계산을 맞추는 것을 보면서 자랐지요. 종일 비즈니스 환경에서 생활했기 때문에 상거래에 관한 한 다른 사람이 초등학교 졸업해야 아는 것을 그때 알게 된 겁니다. 당시의 경험이 지금도 큰 도움이 되고 있어요."

네 살 때부터 경제를 알았다는 말은 일반인이 듣기에는 다소 황당하게 들리기도 하겠지만, 인간은 환경을 통해 만들어진다는 것을 제대로 설파한 말이다. 맹자 어머니가 아들을 위해 이사를 여러 번 했던 맹모삼천지교도 있지 않은가.

뿐만 아니라 자신의 업을 제대로 계승시키기 위한 이병철 회장식 교육은 그 후에 혹독하고 집요하게 계속적으로 이어져 나갔다. 어린 시절의 일본 유학도 그렇지만, 이병철 회장은 연세대학에 입학한 이건희 회장을 자신이 나온 와세다 대학으로 보내 경영학을 공부하게 했고, 이어 미국도 알아야 한다며 미국 조지워싱턴대학 경영대학원을 수료하게 했다. 미국 유학을 마친 이건희 회장은 1966년 동양방송에 입사했으며 중앙일보, 동양방송 이사 등을 거치면서 결국 두 형을 제치고 후계자의 자리를 차지하게 된다.

이 과정에서 후계 경영자 이건희 회장은 21년 동안 아버지 이병철 회장 밑에서 철저한 경영수업을 쌓았다.

『경영자로서 이병철 회장은 원칙과 절차를 중시하고 과제 지향적이며 성취욕이 아주 강한 사람이었다. 그는 경영상의 판단이나 의사결정을 내릴 때 명확하고 관찰 가능한 사실에 근거를 두었으며, 조직 관리에 있어서도 비서실을 통해 관리와 통제에 치중하는 등 치밀한 관리의 삼성을 구축하였다.

그는 상하관계가 명확한 위계질서와 잘 짜이고 표준화된 절차를 통해 명령이나 지시를 전달하고, 모든 일은 미리 정해진 목표에 따라 추진한 뒤 그 결과를 객관적으로 평가되도록 하였다. 전문경영인에 의한 기업경영의 틀을 만든 셈이다.』

(임승환, '5대 그룹총수의 성격 보고서', 1998)

이건희 회장은 그런 아버지의 일거수일투족을 보고 배우며 후계자로 키워졌다. 그는 1978년 삼성 부회장으로 승진한 후 회장실 바로 옆방에서 일을 보았고, 아버지의 스케줄에 따라 그림자처럼 수행했다. 이미 네 살 때부터 경제를 알았다고 말하는 이건희 회장이 규범적 실행력과 카리스마를 그대로 보고 배운 것은 자명한 일일 것이다.

말하자면 이건희 회장은 아버지에 의해서 만들어진 완벽한 후계자인 셈이다. 이 완벽한 황태자는 때로 개인적 고독을 즐기면서도 강력한 리더십이 무엇이고 번뜩이는 카리스마가 무엇인지를 철저하게 깨달아간 셈이다.

신경영 이후에 이건희 회장이 보여준 족적은 그가 얼마나 잘 훈련되고 준비된 오너인지를 보여주는 증거인 셈이다. 더욱이 이건희 회장에게는 아버지 이병철 회장의 평생 사업 동반자인 홍진기 중앙일보 회장이 있었다. 법무부와 내무부 장관을 지낸 홍진기 씨는 1965년부터 1986년 세상을 떠날 때까지 중앙일보와 동양방송을 이끌었고, 이건희 회장에게는 장인과 사위로 인연을 맺은 사이이기도 했다.

이 당시 자신이 받은 경영수업에 대해 이건희 회장은 자신의 에세이집에서 이렇게 회고했다.

"선친은 경영일선에 항상 나를 동반하셨고 많은 일을 내게 직접 해보라고 주문하셨다. 하지만 자세하게 설명해 주지는 않으셨다. 현장에 부딪치며 스스로 익히도록 하셨던 것이다. 이런 시간이 쌓이면서 '경영은 이론이 아닌 실제이며 감(感)이다'는 체험적 교훈을 배웠다. 한편 장인은 기업경영과 관련된 정치, 경제, 법률, 행정 등의 지식이 어떻게 서로 작용하며, 이 지식들을 어떻게 활용할 것인지를 문답식으로 자상하게 설명해 주셨다. 결국 나는 두 분의 가르침을 통해 경영에 관한 이론과 실무를 동시에 배운 셈이다."

그 후 1987년 11월 19일, 이건희 회장은 아버지 이병철 회장이 숨을 거둔 지 5분 만에 사장단 회의의 결정으로 삼성그룹의 회장으로 추대된다.

| 좌우명 : 경청(傾聽) |

1979년 2월 27일, 이병철 회장은 자신의 3남인 이건희 회장을 후

계자로 지목하여 중앙일보 이사에서 그룹 부회장으로 승진시킨 후, '경청(傾聽)'이라는 글을 써서 아들에게 주며 매사에 말을 아끼고 다른 사람의 의견을 많이 들을 것을 당부했다. 그것은 윗사람으로서 아랫사람의 말을 잘 듣고 그들의 마음을 헤아려 공존공영을 이루어 나가라는 이병철 회장의 유언과도 같은 말이었다.

"선친께선 제가 부회장이 되자마자 직접 붓으로 쓰신 경청이라는 글귀를 선물로 주시더군요. 그래서 그 후엔 회의할 때나 현장에 갈 때 가능하면 한마디도 말을 안 하려고 했습니다. 덕분에 이건희 회장은 말을 못 한다는 소문까지 돌았다고 합니다. 당시 제 짧은 생각에도 참으로 좋은 가르침인 것 같았어요. 그렇게 10년 가까이 지내는 동안 상대방의 처지를 헤아리고 생각하는 힘을 키울 수 있었습니다."

이병철 회장의 이 정신은 2대 회장인 이건희 회장 체제에 들어서도 변함없이 추구되어 삼성을 세계 속의 기업으로 만드는 데 큰 힘을 발휘하게 된다.

나는 일하고 챙기는 데 내 나름의 몇 가지 원칙과 습관이 있다. 먼저 목적을 명확히 한다. 보고를 받으려면 보고의 목적과 결정해야 할 일을 분명히 한다. 다음은 일의 본질이 무엇인가를 파악한다. 본질을 모르고는 그 어떤 결정도 하지 않는다. 본질이 파악될 때까지 몇 번이고 반복해서 물어보고 연구한다. 나는 삼성의 임직원들에게 업(業)의 개념에 대해 자주 이야기한다.

그런데도 당신이 하는 일의 업의 개념이 무엇이냐고 물으면 대부분의 사람들은 당황해 한다. 대답할 준비가 되어 있지 않기 때문이다. 자기가 하는 일의 본질이 무엇인지를 깊이 생각해 보지 않는다는 의미이다. 손을 들어 달을 가리키며 달을 보라고 외치는데 달은 보지 않고 손만 쳐다보고 있다면 어찌 되겠는가?

목적과 본질 파악이 나의 원칙이라면 숲을 먼저 보고 나무를 보려고 하는 노력은 나의 습관이다. 동양과 서양은 크게 다른 사고방식을 가지고 있는데 대표적인 예가 주소 표기법이다. 우리는 국가·도·시·군·구·동·읍·면의 순으로 전체에서 부분으로 접근하고 있다. 그러나 서양은 그 반대다. 나는 동양의 주소 표기 방식으로 문제에 접근하는 것을 좋아한다. 일을 할 때 대소완급(大小緩急)의 구분도 매우 중요하다. 이는 곧 일의 본질에 바탕을 두고 우선순위를 판단하는 것이다.

어떤 공장을 방문했을 때 공장은 한창 건설 중인데 조경 공사는 마무리 단계에 있는 것을 본 적이 있다. 공장건설이 최우선인데 정원을 먼저 가꾸고 있다는 것은 무언가 쉽게 납득되지 않는 일이다. 대소완급을 구분하지 못한 대표적인 경우다. 최종 결심을 하기 전에 챙겨 봐야 할 또 하나 중요한 일은 정보의 확인과 활용이다.

우리는 대개 있는 사실(데이터)과 정보(인포메이션)를 구분하지 못한다. 바로 지금 어떻게 되어 있는가? 라는 사실 파악은 데이터이지 정보가 아니다. 정보란 그런 사실을 내가 어떻게 보는가 하는 것이다. 환율이 올랐다는 사실은 데이터에 불과하다. 환율이 오르는 데서 오는 득실은 무엇이고, 환차손을 줄이고 환차익을 극대화하기 위해서는 무엇을 어떻게 해야 하는가가 곧 정보다.

데이터를 보고 읽는 관점에 따라 정보의 내용과 질이 달라진다. 따라서 필요에 따라 관점을 달리하고 이를 의사 결정에 반영하는 것이 곧 정보 활용의 핵심이라 할 수 있다.

이제 목적과 본질을 알았고, 숲과 나무를 보았으며 대소완급의 판단 아래 관련 정보까지 활용하여 최종 결심을 했다면 다음은 일이 되도록 진행시켜야 한다.

이건희 회장 에세이 『생각 좀 하며 세상을 보자』에서

제2장

신경영 시대

선친의 타계로 2대 회장이 된 이건희 회장은 제2창업 선언, 신경영 선언을 통해 삼성의 변신을 시도했고, 국내 1등 기업이었던 삼성을 세계 초일류기업의 반열에 올려놓는 데 성공했다.

신경영 선언은 이건희 회장 신드롬을 일으키면서 삼성 자체는 물론 국민들에게도 큰 반향을 일으키기도 했는데, 삼성의 매출은 이건희 회장 취임 후인 1987년 13조 5,000억 원에서 2004년 135조 3,000억 원으로 10배, 세전이익은 1,900억 원에서 19조 원으로 100배, 증시 시가총액은 1조 원에서 100조 원으로 100배가 늘었다.

1. 불안한 후계자

| 모든 것이 변하고 있다 |

20세기를 산업화 시대라고 한다면 21세기는 지식정보화 시대라고 할 수 있다. 특히 한국은 20세기 후반에 산업화를 시작하여 21세기 지식정보화 사회에 선착한 좋은 예다. 한국 최고의 기업군을 이루고 있는 삼성의 경우 창업주인 이병철 회장 체제가 산업화 시대의 체제였다고 한다면, 그 뒤를 이은 이건희 회장 체제는 지식정보화 시대의 체제라고 할 수 있다.

산업화 시대와 지식정보화 시대는 전적으로 다른 시대다. 그래서 1987년 선대 회장의 뒤를 이어 삼성호의 지휘권을 인계받은 46세의 젊은 회장은 무엇인가 크게 어긋나 있다는 것을 깨닫게 되었다.

당시 삼성은 국내에서 가장 잘나가는 기업이었다. 삼성의 매출은 국내 1위를 달리고 있었고, 삼성인들의 자부심은 그 어느 때보다 높아 보였다. 그러나 삼성호의 키를 잡은 새로운 선장은 고개를 갸우뚱했다. 삼성은 국내 제일의 기업이라고 하지만 그가 보기에 많은 문제점을 안고 있었다.

우선 삼성의 대표적인 기업 삼성전자만 해도 3만 명이 만들어서 6천 명이 수리를 하고 다녔다. 당시 사람들은 신속한 애프터서비스(AS)가 삼성전자의 강점이라고 했지만, 신임 회장이 보기에는 커다란 문제점이 아닐 수 없었다.

"잘한다는 삼성이 왜 이것밖에 못 만들고, 그것밖에 못 받느냐? 우리 삼성은 분명히 2류다. 지금은 죽느냐 사느냐 할 때이다. 단지 더 잘해 보자고 할 때가 아니다."

산업화 시대의 기업가들은 열심히 제품을 만들고 사업에만 신경을 쓰면 모든 것이 저절로 이루어지는 시대를 살았다. 그들은 자사의 이사회를 거의 완벽히 통제하고 있었고, 소비자들은 물건만 제대로 만들어 주면 별로 불만이 없었으며 정부나 언론도 거의 기업가 편이었다. 선대 회장시절 삼성 역시 그런 길을 걸었다.

하지만 2대 회장이 취임한 이후 모든 것이 바뀌어갔다. 산업화 시대, 즉 굴뚝산업이라고 불리는 제조업의 시대가 저물고 컴퓨터, 인터넷으로 대변되는 지식정보화 사회가 도래하고 있었던 것이다.

산업 사회에서 지식정보화 사회로의 전환은 거의 모든 것의 변화를 의미했다. 지식정보화 시대는 모든 정보가 공개되고 공유되는 시대이다. 그것은 기업의 경우도 예외가 아니었다. 많은 부분에서 기업은 소비자, 시민단체, 언론의 견제를 받기 시작했다.

특히 지식정보화 시대의 CEO들은 모든 면에서 자유롭지 못했다. 그들의 일거수일투족은 언론과 주주, 그리고 사원들에게 노출되어 있었고, 심지어 사생활마저 검증받아야 할 단계에 이르고 있었다. 또한 사업은 거의 무제한의 경쟁 속에 돌입하여 오늘날의 CEO들은 전 세계를 쉴 새 없이 돌아다니며 비즈니스에 몰입해야만 자리를 보존할 수 있다.

오늘날의 기업은 좋은 제품을 만드는 것만으로는 충분하지 않으며 더 멋지고, 더 혁신적인 기능을 가진 제품을 만들어야만 소비자에게 어필한다. 그들의 경쟁자는 국내 기업이 아닌 세계 초일류기업인 경우가 많다.

| 제2창업 선언 |

수많은 기업들이 생겨났지만 30년을 넘은 기업이 드문 것이 현실이다. 세계 기업들의 평균수명을 따져볼 때 30년이 지나면 80%의 기업이 사라진다는 통계수치만 보더라도 기업을 한다는 게 얼마나 어려운 일인지 알 수 있다.

삼성의 경우 3남인 이건희 회장이 삼성호라는 거함의 지휘권을 이양받았지만, 맞수기업이었던 현대처럼 왕자의 난 같은 요란한 잡음은 없었다. 그것은 창업주 이병철 회장의 치밀한 성격 탓일 수도 있는데, 온갖 어려움 속에서도 사후 문제를 풀어 나갈 수 있게 미리 정리를 잘해 두었던 것이다.

창업 1대에서 거대한 부나 사업을 이룩했더라도 자손들이 이어받아 몇 대에 걸쳐 부귀영화를 누리는 경우는 매우 드물다. 창업자는 자신이 일으킨 사업의 요체를 정확히 파악하고 있고, 많은 경험이 축적되어 있어 그 어떤 난제가 생기더라도 적절히 대응하며 위기를 넘길 수 있다.

하지만 창업 2대는 그렇지 못한 경우가 허다하다. 대개의 경우 창업자의 자손들은 창업자보다 더 좋은 교육을 받고, 더 논리적이며 더 좋은 품성을 타고 난다. 하지만 사업은 지식이나 품성만으로 이루어지는 것이 아니기 때문에 그들이 수성(守成)을 해내는 경우는 극히 드물다. 한마디로 말해 창업도 어려운 일이지만 그만큼 수성도 어려운 것이 사업이다.

막상 삼성호를 넘겨받은 이건희 회장은 초기에 눈에 띌 정도로 불안해 보였다. 그는 회장이 된 이듬해인 1988년 새롭게 각오를 다지며 제2창업 선언을 발표했다.

그는 세계 초일류기업으로의 도약을 그룹의 21세기 비전으로 제시하며 대대적인 구조조정에 들어갔다. 이건희 회장은 경영의 효율성을 높이기 위해 그때까지 분리되어 있던 전자, 반도체, 통신을 삼성전자 산하로 합병하고, 유전공학, 우주항공 분야의 신규사업을 추진하는 단안을 내렸다. 또한 선대 회장 시절 막강한 정보력과 권한을 자랑했던 비서실부터 대대적 개혁을 시작했다.

그는 삼성인 개개인은 모두 훌륭하지만 의사소통이 잘 안되고 있다는 것, 너무 급하게 결과를 얻으려고 해서 진정한 연구가 이루어지지 않고 있다는 것, 그러면서도 한국에서 제일이라는 쓸데없는 자만에 빠져 있다는 것을 간파하고 여러 차례 지시를 내렸다.

그런데 여러 해가 지나도 50년 동안 굳어진 삼성의 체질은 쉽게 바뀌지 않았다. 제2창업 선언을 하고 5년 동안 삼성호를 이끌던 새 선장은 점점 더 큰 위기감을 느끼기 시작했다. 이건희 회장은 자신이 이끄는 삼성이 3류기업으로 전락할지 모른다는 불안을 떨쳐 버릴 수 없었다. 그는 새로운 패러다임의 시대가 목전에 도래하고 있음을 간파하고 그에 대처할 방법을 암중모색하기에 이른다.

그 당시를 그는 이렇게 회고하고 있다.

"회장으로 취임한 이듬해, 제2창업을 선언하고 변화와 개혁을 강조했다. 그러나 몇 년이 지나도록 변하는 것이 없었다. 50년 동안 굳어진 체질은 너무도 단단했다. 삼성이 제일이라는 착각에서 벗어나지 못했다. 특히 1992년 여름에서 겨울까지 나는 불면증에 시달렸다. 이대로 가다가는 삼성 전체가 사그라질 것 같은 절박한 심정이었다. 체중이 10킬로그램 이상 줄었다."

그 후 이건희 회장은 세계 각국을 순방하면서 세계시장에서 삼성이 차지하는 초라한 위상을 확인하고, 절체절명의 위기감 속에서 새로운 변신을 시도하게 된다.

2. 진심이 담긴 충고

| LA비교평가회의 |

1993년 1월, 이건희 회장은 삼성의 전자관련 사장단을 이끌고 LA 시내의 가전제품 매장을 둘러보다가 아연실색했다. 매장 중앙에는 GE, 월풀, 필립스, 소니, NEC 등 세계적 브랜드의 상품들이 전시되어 있었는데 삼성 제품은 눈에 잘 띄지 않는 구석에 처박혀 있었던 것이다. 이건희 회장은 삼성의 현주소를 거기서 읽었다.

당시 삼성 제품은 월마트 등의 할인점에서 중저가 제품으로 팔리고 있었을 뿐 블루밍 데일스나 노드스트롬 같은 고급 백화점에서는 제대로 취급하지 않고 있었다. 삼성의 제품은 누가 보아도 세계 일류상품들에 비해 기능이나 디자인 면에서 뒤떨어져 있었다.

이건희 회장은 이렇게 나가다가는 삼성이 세계 일류기업이 되기는커녕 삼류로 몰락하고 말 것이라는 불길한 예감에 사로잡혔다. 그는 그해 2월, 김광호 삼성전자 사장, 윤종용 삼성전기 사장 등 7, 8명의 전자 사장단을 불러 들여 LA에 있는 센추리플라자 호텔에서 전자부문 수출품 현지 비교평가회의를 열었다.

이 비교평가회의가 열린 200여 평의 홀에는 VTR, 냉장고, 세탁기, 에어컨 등 78가지에 이르는 경쟁사의 제품들이 삼성 제품과 나란히 전시되어 있었다. 여러 회사의 제품이 한자리에 모이자 제품의 디자인, 재질, 성능이 한눈에 비교가 되었다.

이건희 회장은 세계 최고제품의 디자인과 품질을 삼성 제품과 비교, 평가했다.

"삼성이 생산하는 VTR의 부품이 도시바보다 30%나 많으면서도 가격은 오히려 30%가 싼데 어떻게 경쟁이 되겠습니까? TV의 가로세로가 4대 3이나 16대 9가 아닌 독창적인 와이드 제품을 만들어야 합니다. TV 브라운관이 볼록한데 평면으로 만드는 길을 찾아 봅시다. 그리고 리모컨이 너무 복잡해요. 리모컨이 복잡한 것은 기술진이 사용자의 편의를 생각지 않았기 때문입니다. 손에 잡기 쉽고 간단히 온 오프 기능만 있어 사용하기 편한 리모컨을 만드는 방안을 연구해 봅시다."

그는 제품의 겉모양만을 따지는 것이 아니라 사장단이 보는 앞에서 삼성 제품과 경쟁사 제품을 하나하나 분해하면서 제품의 기능과 부품들의 차이점을 지적해 나갔다. 그 결과 삼성 제품의 문제점이 고스란히 도출되었다. 삼성 사장단은 하나같이 이건희 회장의 지적에 공감하고 고개를 푹 떨구었다.

이 회의의 말미에서 이건희 회장은 비장한 어조로 말했다.

"삼성은 지난 1986년도에 망한 회사입니다. 나는 이미 15년 전부터 위기를 느껴왔습니다. 지금은 잘해 보자고 할 때가 아니라 죽느냐 사느냐의 기로에 서 있는 때입니다. 우리 제품은 선진국을 따라잡기에는 아직 멀었습니다. 2등 정신을 버리십시오. 세계 제일이 아니면 앞으로 살아남을 수 없습니다."

이 말은 삼성이 국내 최고라는 자만심에 빠져 있던 삼성사장단들에게 폭탄선언처럼 들렸다. 이건희 회장은 이 비교평가회의를 나흘 동안 주재하면서 사장단 전체에게 자기가 만든 제품의 속까지 낱낱이 알지 못하면 안 된다는 것을 깨닫게 했다.

그 후 이건희 회장은 도쿄를 거쳐 프랑크푸르트로 날아갔고, 그곳에서 신경영 선언인 프랑크푸르트 선언을 하기에 이른 것이다.

| 후쿠다 보고서 |

LA에서 비교평가회의를 마치고 난 몇 달 후인 1993년 6월 4일, 일본 도쿄 오쿠라호텔에서는 이건희 회장 주재로 삼성전자 기술개발 대책회의가 열리고 있었다. 이 자리에는 이수빈 비서실장(현 삼성사회봉사단장), 윤종용 삼성전기 사장(현 삼성전자 부회장), 배종렬 홍보팀장(현 삼성물산 사장), 후쿠다 삼성전자 디자인 고문 등 10여 명이 참석하고 있었다.

무거운 분위기 속에 회의가 끝나자 이건희 회장은 후쿠다 고문을 포함한 3, 4명의 일본인 고문을 따로 객실로 불러들였다. 이들은 일본 전자업체의 선진 기술을 전수받기 위해 지난 1988년부터 이건희 회장이 직접 스카우트한 인물들이었다.

이건희 회장은 그날 삼성전자의 문제점을 지적해 주는 그들과 밤을 새워 이야기를 나누었다.

일본인 고문들은 각자가 느낀 삼성의 문제점을 지적했다. 이 자리에서 가장 솔직하고 신랄한 비판을 가한 사람은 디자인 고문 후쿠다 타미오였다. 그는 삼성제품의 디자인이 갖는 문제점을 낱낱이 지적하면서 조속한 시일 내에 디자인 개혁을 이루지 않으면 삼성의 성장은 있을 수 없다고 단언했다. 그는 삼성의 디자인 수준은 한마디로 수준이하이며 자신이 삼성의 고문으로 온 것을 후회하고 있다는 말까지 했다.

후쿠다의 신랄한 지적은 이건희 회장에게 또 하나의 충격을 안겨주었다. 후쿠다는 뜻밖에도 이 자리에서 미리 준비한 삼성전자의 문제점을 담은 경영과 디자인이란 제목의 보고서를 이건희 회장에게 전달했다. 이것이 이른바 후쿠다 보고서다.

후쿠다 타미오는 1948년 일본 고베에서 태어나 경도공예섬유대 의장공예학과와 미국 일리노이 공과대학원 디자인학과를 나온 후 NEC 디자인센터, 교세라 디자인실 경영전략팀에서 근무하다 1989년부터 삼성전자 정보통신 부문 디자인 고문으로 영입된 사람이었다.

다음날 오후 이건희 회장은 독일 프랑크푸르트로 향하는 비행기 안에서 후쿠다 보고서를 펼쳐들고 몇 번이고 정독해 나갔다. 삼성 디자인의 문제점을 낱낱이 지적한 그 보고서는 삼성이 디자인 개혁을 이루지 않으면 삼성의 성장은 있을 수 없다고 단언하면서 삼성전자가 하루빨리 디자인과 상품 기획 실력을 더 키워야 한다는 것이었다.

후쿠다의 지적은 이건희 회장의 심중을 흔들었고, 그의 개혁에의 의지에 불을 당겼다.

| 세탁기 사건 비디오 |

그런데 프랑크푸르트에는 이건희 회장의 개혁에의 의지에 불을 당기는 데 기폭제가 된 또 하나의 사건이 기다리고 있었다. 1993년 6월 5일, 하네다 공항을 떠나려는 이건희 회장에게 SBC(삼성 사내방송)팀이 제작한 30분짜리 비디오테이프 한 개가 전달되었다. 프랑크푸르트에 도착한 이건희 회장은 호텔에서 여장을 풀자마자 비디오테이프를 틀어 보았다. 그 테이프에는 세탁기 제조 과정에서 불량품이 나오고 있는데도 어설픈 응급조치를 하면서 생산되는 과정이 그대로 취재되어 담겨 있었다.

이건희 회장은 분노와 허탈감을 느꼈고, 곧바로 서울로 전화를 걸었다. 그는 전화를 받은 이학수 비서실 차장(현 전략기획실장 부회장)에게 삼성 핵심 경영진을 당장 프랑크푸르트로 소집할 것을 명령했다. 그리하여 6월 7일 프랑크푸르트 켐벤스키호텔에는 난데없이 윤종용 사장(현 삼성전자 부회장), 비서실 김순택 경영관리팀장(현 삼성SDI 사장), 현명관 삼성물산 건설부문 사장 등 200여 명의 삼성 경영진들이 몰려드는 진풍경이 연출되었다.

비상경영 회의장에 이건희 회장이 비장감이 어린 모습을 드러내자 참석자들의 긴장은 극에 이르렀다.

우물 안 개구리는 국제화의 걸림돌!

이제 제품의 경쟁은 국가간 경쟁을 의미하지 않는다. 가장 좋게, 가장 싸게, 그리고 가장 잘 팔수만 있다면 한 제품의 생산과 판매를 위해 여러 국가의 자원을 활용해야 한다.

국내 기업들도 점차 임금이 올라가고, 국내의 입지조건에 한계를 느끼자 현지 생산의 이점을 찾아 나서기 시작했다. 중국과 동남아의 값싼 노동력, 유럽연합(EU)의 적극적인 정부지원 등 더 나은 경영자원을 찾아 쉴 새 없이 이동하고 있다.

이제는 어느 나라에서 만드는가(made in)는 의미가 없어지는 반면, 누가 만드는가(made by)가 중요한 시대가 되었다. 예전에 국산제품 만들기가 우리의 지상과제였던 것처럼 이제는 세계분업에 능동적으로 참여하여 세계적인 경쟁력을 갖추는 것이 새로운 시대의 사명이 된 것이다.

무국적 상품을 만들게 하는 경영환경을 우리는 초국적 기업의 번창에서 실감한다. 초국적 경영은 기업의 국제화에서 진일보한 또 다른 형태의 기업경영이라고 할 수 있다. 기업에 있어 지금까지의 국제화는 단지 해외시장에서 물건을 잘 팔기만 하면 되는 경제적 이유에서 이루어져 왔다.

원가를 줄이기 위해 노동비가 싼 지역에 현지공장을 건설하고, 물건이 팔리는 지역에는 판매거점을 세우는 식이었다. 그러나 양적 국제화는 어느 사이엔가 한계에 봉착하고 말았다. 그 나라에 뿌리를 내리지 않은 기업은 그 나라 소비자로부터 사랑 받을 수 없다는 단순한 이유에서이다. 세계 유수의 선진기업들은 양적 국제화에서 한발 전진하여 질적 국제화를 추진하고 있다.

바로 초국적 경영이 질적 국제화의 실체라 하겠다.

기관차, 발전설비, 로봇을 만드는 중전(重電)분야의 초일류기업인 ABB는 세계 140여 개 국에 1,300여 개의 자회사를 갖고 있다. 이 회사의 본사는 취리히에 있지만 본사를 비롯한 모든 자회사가 영어를 공용어로 쓰고 있고, 자 회사의 경영활동은 현지인 경영자가 책임지고 결정한다.

우리도 모든 것을 국내에서 결정하겠다는 우물 안 개구리식의 발상을 버릴 때가 왔다.

이건희 회장 에세이 『생각 좀 하며 세상을 보자』에서

신경영 선언

21C Neo-Management Note

1. 신경영을 선포하다!

| 프랑크푸르트 선언 |

1993년 6월 7일, 이건희 회장은 독일 프랑크푸르트 켄벤스키호텔에 모인 삼성 경영진에게 신경영 선언을 하고 질적 경영에 대한 그의 경영철학을 설파했다. 나부터 변하자, 처자식 빼고 다 바꾸자, 양(量)을 버리고 질(質) 위주로 가자는 취지의 이 신경영 선언은 삼성 조직 전체에 대한 대폭적인 수술의 시작을 알리는 신호탄이었다.

이 회장은 4개월간 LA, 도쿄, 프랑크푸르트, 오사카, 런던 등 삼성의 세계 주요 거점 도시로 1,800여 명의 임직원을 불러들여 세계가 어떻게 변해가고 있는가, 세계무대에서 삼성이 어떤 위치에 있는가를 눈으로 보여주며 장장 500시간에 걸쳐 삼성이 가져야 할 비전을 직접 설파했다. 특히 사장단과는 장장 800시간에 걸쳐 삼성이 가져야 할 비전을 설파했는데 이 회의는 저녁 8시에 시작해 다음날 새벽 2시까지 이어지기 일쑤였다.

그해 6월 7일 프랑크푸르트에서 시작된 해외 간담회는 68일 간이나 이어졌다. 신경영 선언은 한마디로 잘나가는 것으로 알고 있던 삼성인들에게 국내에서의 일등에 만족하며 희희낙락하던 우물 안 개구리임을 일깨우는 새로운 비전 제시였다.

"상황의 일대 반전을 위하여 나는 프랑크푸르트 선언, 소위 신경영 선언을 했다. 선언은 계획에 없던 것이었고, 임원진 회의의 결과도 아니었다. 신경영을 선언하였을 때 나는 변화의 소용돌이 중심에 혼자서 거대한 책임의 산 앞에 서있는 것 같은 절대고독을 느꼈다. 동시에 위기상황에 대한 책임감도 강해졌다.

나는 바로 그 날 이것의 성공을 위하여 나의 명예와 생명을 걸 것임을 전 삼성 임직원 앞에 엄숙히 약속했다. 또한 나는 마누라와 자식만 빼고 모든 것을 바꾸자고 변화를 주창하였으며, 나 자신이 변화 대열의 최선봉에 서서 실천할 것도 약속했다. 이 선언은 물론 한국사회 내부의 조그마한 목소리에 불과할 지도 모르지만 당사자인 우리들에게 있어서는 150년 전의 공산당 선언 못지않은 의의를 갖는 것이었다. 항상 각 시대는 그 시대의 상황에 알맞은 선언을 갖는 법이다. 그런 의미에서 신경영 선언은 우리 시대의 이상적 경영상을 반영한 것이다."

 이건희, 21세기 신경영 노트

이건희 회장의 이 말은 그가 얼마나 커다란 위기와 고독을 느꼈으며, 얼마만한 비장감을 가지고 신경영을 선택했는가를 보여준다. 1993년 〈월간말〉 6월호에 의하면,

『나는 완전히 배수진을 쳤다. 다른 그룹은 회장이 이렇게 앞장서서 일선에 나오지는 않는다. 내 성격과 내 스타일로는 특히 그렇다.』

(박동철, '재벌 총수 10인의 경영 스타일 어떻게 형성됐나')

신경영은 삼성의 색깔을 완전히 바꾸어 놓기 시작했다. 아울러 그가 쏟아낸 말들은 이건희 회장 신드롬으로 불리며 우리나라 경제계 전체에 큰 반향을 불러 일으켰다.

이건희 회장의 리더십은 그때부터 빛을 발하기 시작했다. 그는 단순히 비전 제시에만 그치지 않았다. 그는 숨 쉴 틈 없이 가시적 실행조치의 지침을 내렸다. 7시에 출근하고 4시에 퇴근하는 7·4제, 불량품이 나올 경우 라인을 세우는 라인스톱제도 등 새로운 규범이 삼성인들을 강타했다.

그때 많은 삼성인들이 이것은 진짜 혁명이라는 이야기를 했다. 삼성은 그 전까지는 어떤 일이 있더라도 생산라인은 세우지 않는다는 철칙을 가지고 있었기 때문이다. 삼성인들은 신경영의 깊은 철학이 무엇인지는 몰라도 바로 이것이 변화와 개혁임을 실감하기 시작했다.

임원들에 대한 개혁의 강도는 더욱 높았다. 임원들은 사무실에

앉아 있을 시간이 없었다. 현장을 중시하는 이건희 회장의 경영방침에 따라 그들은 영업현장이나 생산공장으로 나가야 했다. 심지어는 6개월 동안 차출되어 신경영에 대한 교육을 받기도 했다.

신경영은 문화혁명으로 자리를 잡아갔다. 이후 삼성은 정보화 시대에 대비해 정보인프라를 갖추고, 글로벌 경영을 위해 해외투자를 늘리고, 핵심역량 중심으로 사업구조를 개편하기 시작했다.

"양과 질의 비중이 1 : 99도 안된다. 0 : 100이다. 10 : 90이나 1 : 99로 생각한다면 이것이 언젠가는 5 : 5로 간다. 한쪽을 0으로 만들지 않는한 절대로 안 된다."

이건희 회장은 이렇게 강조하며 신경영의 핵심 키워드를 질을 높이는 경영으로 잡았고, 질에 대해 확고한 의지를 보였다. 그는 불량품이 나올 경우 몇 개월이 걸리더라도 라인을 돌리지 못하게 했다. 완전한 제품이 나오기 전까지는 사재를 털어서라도 종업원들의 임금을 주겠다고 선언하기도 했다.

그는 불량품을 만들어 파는 것은 사기라고 말하면서, 1995년 당시 시중에서 통화 불만이 많던 휴대폰을 모두 수거해 리콜할 것을 지시했다. 그리하여 우리나라 전자산업 역사에 남을 그 유명한 애니콜 화형식이라는 일대 사건이 벌어졌다. 이 화형식에서 500억 원에 달하는 제품이 연기와 함께 순식간에 잿더미로 사라졌다.

그것은 삼성의 질(質)경영에 대한 강력한 의지를 상징하는 중요한 사건이었다.

 이건희, 21세기 신경영 노트

그런 극약처방이 있은 후, 우리가 앞에서 살펴 본 애니콜 신화는 시작되었다. 애니콜 화형식 이후 그야말로 목숨을 건 기술개발 끝에 삼성 애니콜은 세계적인 브랜드 상품이 되었다.

| 세계 일등기업을 벤치마킹하라 |

이건희 회장의 프랑크푸르트 대장정에 참여했던 삼성 수뇌부는 삼성의 취약점을 보강하려면 세계 일등기업들을 배우는 방법밖에 없다고 결론을 내렸다.

삼성은 1993년과 1994년 2년 동안에 걸쳐 전자, 중공업, 섬유, 재고관리, 마케팅, 고객서비스, 물류, 판매관리 등 각 분야의 세계적인 노하우를 가진 일등기업들을 선정했다. 그리고 본격적인 연구와 벤치마킹에 들어갔다.

벤치마킹 대상으로 확정된 기업은 당연히 일본과 미국의 기업들이었다. 과거 이병철 회장이 일본 기업에 대한 벤치마킹을 실시해 삼성이 거느린 많은 계열사를 만들어 냈다면, 이번의 벤치마킹은 회장 개인의 차원을 넘어 그룹의 모든 임원이 참여한 벤치마킹이었다. 그야말로 그룹 출범 이래 유래를 찾아볼 수 없는 대대적이고 전폭적인 벤치마킹이었다.

삼성의 벤치마킹은 산업부문별 벤치마킹과 경영기법별 벤치마킹, 두 파트로 나뉘어져 진행되었다.

첫 번째 산업부문별 벤치마킹의 대상을 보면 전자는 소니와 마쓰시타, 중공업은 미쓰비시, 섬유는 도레이를 벤치마킹하기로 결정했다.

두 번째 경영기법에 대한 벤치마킹 대상을 살펴보면 신제품 개발은 모토로라·소니·3M, 생산 작업 관리는 HP·필립모리스, 품질관리는 제록스·웨스팅하우스, 마케팅은 마이크로소프트·헬렌 커티스·더 리미티드, 판매관리는 IBM·P&G, 재고관리는 웨스팅하우스·애플컴퓨터·페덱스(FedEx), 고객서비스는 제록스·노드스트롬, 물류는 허시·메리케이 코스메틱 등 산업분야 전반에 걸쳐 광범위하게 선정되었다.

이러한 벤치마킹이 이루어지는 동안 삼성은 한편으로는 대대적인 내부정비에 들어갔다. 1993년 삼성은 그룹 창립 이래 최대인 299명의 임원에 대한 인사를 단행했다. 그것은 삼성 개혁의 단호한 의지의 발로였고, 조직 전체에 개혁분위기를 확고하게 심는 결과를 가져왔다. 그것은 신경영 성공의 마지막 요인인 사람이 경쟁력이라는 인식 때문이었다.

이건희 회장은 신경영은 교육을 통해서 정착된다고 생각했다. 그래서 신경영이라는 이름 아래 그룹 차원에서, 각 회사 차원에서, 단위사업장 차원에서 삼성인을 대상으로 한 교육이 이루어졌다. 교육은 국내에서뿐만 아니라 독일의 프랑크푸르트, 일본의 도쿄, 미국의 LA 등지에서 많은 비용을 들여가며 강도 높게 실시되었다.

이건희 회장은 신경영의 정착을 위해서는 세계 최고 수준의 인재를 뽑아야 하고, 그들이 제대로 능력을 발휘할 수 있게 여건을 만들어 주어야 하며, 성과에 대해서는 철저히 보상한다는 인재·성과 중심 경영을 신경영의 핵심으로 내세웠던 것이다.

이건희 회장은 동시에 삼성 제품을 세계 최고 수준으로 끌어올리기 위한 작업에 들어갔다. 그는 삼성인들에게 삼성의 기술 수준을 파악한 후, 이를 세계 초우량기업의 수준과 비교해 격차를 측정하고, 그 격차를 조기에 축소시키는 전략을 기본전략으로 세우게 했다.

그런 과정이 지난 후, 삼성인들은 수천 명의 임원과 엔지니어들이 세계 각지를 돌면서 우선 핵심 일등기업들에 대한 벤치마킹을 통해 그들의 앞선 운영 시스템을 도출해 내는 데 주력했다.

신경영의 개혁이 시작되고 2년 정도가 지나자 그 효과가 서서히 나타나기 시작했다. 세계 일등기업들의 노하우를 전수받아 돌아온 삼성인들은 대상 기업의 장단점을 낱낱이 분석해 삼성만의 것으로 만들었던 것이다.

그렇게 개발한 핵심기술은 우수한 품질의 상품 생산으로 이어졌고, 삼성의 국제경쟁력은 점차 높아지기 시작했다.

| IMF 이후 나타난 괄목할 만한 성과 |

삼성의 신경영 효과는 한국 경제가 사상초유의 혼란에 빠졌던 IMF 시기에 극적인 효과를 나타냈다. IMF 구제금융 사태로 한국 경제 전체가 휘청거릴 때 삼성도 다른 기업과 마찬가지로 잠시 허둥대기는 했지만 곧 의연하게 그 터널을 빠져나올 수 있었다. 신경영을 통해서 이미 구조조정을 단행했기 때문이다.

구조조정 결과 삼성인의 역량이 몇 단계 업그레이드 된 상태였기에 역설적으로 말해 삼성인은 이미 IMF를 준비해 둔 셈이 되었다. IMF 시기의 구조조정은 삼성인에게는 결코 새로운 것이 아니어서 초기의 혼란을 거치며 새로운 상황에 비교적 잘 적응할 수 있었고, 삼성을 다시 한 번 업그레이드시키는 계기가 되었다.

이건희 회장은 IMF 한파가 몰아닥친 1998년 신년사에서 자신의 생명·재산·명예를 포함한 모든 것을 던질 각오가 되어 있다고 말하고, 일류가 되지 않으면 살아남을 수 없다고 선언했다. 그리하여 다른 어느 기업보다 신속하게 구조조정을 완수한 삼성은 1998년부터 다시 흑자를 내기 시작해 1999년에 5조 원, 2000년에는 10조 원대의 이익을 만들어 냈다.

삼성의 신경영은 이런 과정을 거쳐 지난 10년 동안 괄목할 만한 성과를 거두었다. 삼성그룹의 매출액은 1992년 35조 7,000억 원에서 2002년 137조 원으로 4배 정도가 증가했으며, 순이익은 같은 기간 2,300억 원에서 15조 원으로 무려 66배나 증가해 질경영의 성과를 확실히 보여주었다.

신경영을 통한 삼성의 개혁은 외환위기에 한 발 앞서 구조조정을 단행한 원동력이 되었고, 삼성을 더욱 건실한 그룹으로 재탄생시킨 촉매제 역할을 했다. 그 후 신경영은 이건희 회장 신드롬으로까지 불리면서 한국 경제의 외형을 중시하는 양적 사고를 품질과 기능을 중시하는 질 중시의 사고로 전환시키는 계기가 되었다.

IMF 사태로 삼성은 적자사업이나 비주력사업을 매각하고 정리하는 구조조정을 통해 재무구조를 건실하게 만들었다. 1997년 366%였던 부채비율을 1999년에는 166%로 낮추었고, 2000년대의 비약적인 발전에 힘입어 2003년에 이르러서는 부채비율이 56%로 현저히 낮아져 선진국의 초우량기업에 필적하는 수준에 이르렀다.

삼성은 IMF 외환위기를 성공적으로 극복하고 10년도 안 되는 짧은 기간에 디지털 융합 시대를 주도하는 초일류기업으로 도약하는 전기를 마련했던 것이다.

만약 삼성이 다른 그룹들처럼 신경영을 통한 구조조정을 미리 해놓지 않은 상태에서 IMF 직격탄을 맞았다면 지금의 삼성은 아마 존재하지 않았을 것이다.

2. 내면적 인간에서 시대의 리더로

| 감성 리더십 |

이건희 회장은 상당히 감성적인 사람이다. 아니 감성지수가 높은 사람이다. 감성지수가 높은 사람은 다른 사람의 기분을 잘 파악하고, 그 감정을 쉽게 이해한다. 또 감성지수가 높은 사람은 음악이나 예술을 좋아하고, 한 가지에 열정적으로 몰입하는 경향이 있다.

이건희 회장은 가장 감성이 민감한 때에 객지에서의 외로움과 부모에 대한 그리움을 느끼며 자랐고, 그래서인지 어릴 때부터 말수가 적고 혼자 생각에 빠져 상당히 내면적이며 감성이 예민한 상태로 자라났다.

그래서 그는 아버지의 엄격한 황태자 교육에도 불구하고 격식과 딱딱한 업무 환경을 벗어나 재택근무를 즐기며, 소비자와 내부고객인 조직구성원들에게 감성으로 호소하는 감성경영을 확대하는 오너가 될 수 있었다.

『이건희 회장은 성격상 중요한 의사결정에 있어서 형식논리와 규정을 중시하기보다는 자신이 중시하는 가치에 기초한 감성적 접근을 선호한다. 때로 자신이 중시하는 가치를 실현하기 위해 재산이나 목숨을 바치는 것도 불사하는 성격이다.
실례로 삼성 임직원에 대한 각종 복지 혜택의 결정 또는 신규 사업 진출 결정에서도 그러했다. 그래서 신경영을 추진하는 과정에서 그가 주장하는 핵심가치를 좀 더 깊게 이해할 필요가 있다.』

(임승환, '5대 그룹 총수의 성격분석 보고서')

그러나 감성지수가 높은 사람이 모든 일에 감성적이라는 말은 아니다. 이건희 회장은 자신의 독특한 어린 시절 때문에 높은 감성지수를 가진 사람으로 자라났지만 공적인 입장에서까지 감성적일 수는 없었다.

그는 신경영 선언 이전까지만 해도 지나치리만큼 외부에 모습을 드러내지 않았다. 게다가 사람들을 만나도 무표정한 얼굴로 말을 거의 하지 않았고, 웃는 모습조차 보이는 일이 없었다. 어떻게 그런 사람이 감성적일 수 있단 말인가? 어떤 이들은 그의 이러한 모습이 신비감과 카리스마의 원천이라고 말하기도 하지만 그것은 다분히 무엇을 잘 모르거나, 아부성 발언에 지나지 않는다.

그러나 신경영 선언 이후 이건희 회장의 모습은 많이 바뀌어 갔다. 그는 인간미와 도덕성을 강조하며 경영의 전면에 나서 삼성인들을 회유하기도 하고 이끌기도 하면서 공격적 경영, 조직을 선도하는 감성 리더십을 보여주기 시작한 것이다. 물론 지금도 삼성본관 28층의 회장실에는 거의 출근을 하지 않고, 한남동 자택이나 선친이 기거하던 승지원에서 대부분의 시간을 보내며 재택근무를 하고 있다.

하지만 그것은 그의 개성인 것이지 그가 괴팍한 삶을 살고 있기 때문은 아니다. 그는 오히려 삼성과 동시대인들을 적극적으로 끌어안고 살아가는 이 시대 최고 기업의 총수인 것이다. 그는 감성 리더십을 발휘하며 이 시대 사람들의 삶이 어떠해야 하는지에 대해 누구보다 많은 말을 하고 있다.

"혼자 똑똑하고 차가운 사람보다는 마음이 열려 있는 사람, 함께 어울리기 좋아하는 사람이 강점을 갖게 된다. 길을 가는데 어린아이가 넘어져 있으면 아무리 급해도 뛰어가서 일으켜 주는 마음, 남의 불행을 자기 일처럼 가슴 아파하고 다른 사람의 기쁨에 진심으로 박수를 보내는 마음을 가진 훈훈하고 미더운 사람이 요구되는 세상이다.

결국 인간미의 본질은 자신을 희생해서라도 상대방을 진심으로 아끼고 보살피는 마음에 있다. 요즘은 IQ(지능지수)보다 EQ(감성지수)가 중요하다고 한다.

최근 어느 잡지에서 본 내용인데 직장인으로 성공하는 요인의 80%는 지능지수가 아닌 감성지수에 의해 결정된다는 것이다. 이렇듯 조직생활에 있어서도 지식이나 학식 이전에 따뜻한 인간미가 있어야 한다. 야구에서 포수같은 사람들이 회사에 많아지려면, 자기 일보다 동료 일을 먼저 도와주면서 묵묵히 일하는 사람이 올바른 평가를 받을 수 있어야 한다. 이제부터라도 포수의 가치를 새롭게 인식해야 한다. 포수처럼 그늘에 숨은 영웅이 대우받고, 그들이 보람을 느끼면서 일할 수 있는 기업. 국가가 바로 선진기업, 선진 국가인 것이다. 변해야 살아남는다."

이로써 이건희 회장은 고독한 황태자가 아닌, 감성 리더십을 지닌 한국 사회의 리더로서 자리매김을 하기 시작한다.

│ **시대를 읽는 경구** │

이건희 회장의 감성 리더십은 시대를 읽는 경구를 연발하기 시작했다.

신경영 선언 이후 그가 신들린 듯이 쏟아낸 말들은 이건희 회장 신드롬을 만들어 내기 시작했고, 인구에 회자되는 유행어가 되었다. 신경영 선언 이후 그가 만들어 낸 말과 일화들만 모아도 상당한 분량이 된다.

『거품, 신경영, 마누라와 자식만 빼고 모두 바꾸자, 7·4제, 나

이건희, 21세기 신경영 노트

부터 바꾸자, 질경영, 뒷다리 잡기, 구매의 예술화, 신수종(新樹種)사업, I자형 인재, T자형 인재, 잡종강세론, 신상필상, 독신파견제, 지역전문가제도, 천재육성필수론, 메기론, 당근론, 화학비료형인간, 비교전시경영, 종합기술자, 업의 특성, 삼성헌법, 경영자는 종합예술가, 기업은 2류, 행정은 3류, 정치는 4류, 지행용훈평(知行用訓評), 선상투하식 구조조정, 두 마리 토끼 사냥, 자동차는 전자제품, 1인 10색, 시나리오 경영, 잠옷 입은 내가 어떻게 정치를 하나, 유럽 강소국을 배워라, 천재경영, 상생경영, 미래전략그룹, 준비경영 등등』

그의 언어구사력은 상당히 독특하고 상상력에 넘치며 어떤 때는 난해하기조차 하지만 시대와 인간을 깊은 곳에서 읽어 올리는 촌철살인(寸鐵殺人)적인 면을 다분히 지니고 있다.

그것은 앞에서 살펴 본대로 그가 사물의 본질에 다가서려는 내면적 사고와 세상을 읽는 직관력, 그리고 현상을 극복하려는 의지의 결합으로 만들어 낸 것일 터이다. 그가 만들어 낸 경구나 신조어들은 삼성의 담장을 넘어 한국 사회의 한 조류로 자리매김하기도 했는데 그것은 다분히 한국인들에게 세상을 읽는 사고의 힘이 무엇이란 것을 가르쳐 주기도 했다.

물론 앞에서 열거한 말 중에는 이건희 회장이 직접 만들지 않고 그의 지시사항을 따르는 과정에서 만들어진 말들도 있을 것이다. 그렇다고 하더라도 그 말들이 그의 사고와 행동, 지시 속에서 만들어진 말들이라면 그와 무관하다고 할 수는 없을 것이니 그가 만든 말이라고 할 수 있겠다.

〈이코노미스트〉는 이건희 회장의 이러한 능력을 커버스토리로 다루고 '핵심을 찌르는 직관의 카리스마'라고 부르며 이렇게 해석 하기도 했다.

『그동안 이건희 회장이 쏟아낸 말들은 그대로 경영에 관한 '아포리즘(깊은 체험적 진리를 간결하고 압축된 형식으로 나 타낸 짧은 글, 또는 말)이라고 할 수 있다. 93년 마누라와 자식 만 빼고 다 바꿔보자는 화두로 시작된 이건희 회장 특유의 비 유법은 그 후 5년 단위로 이어지면서 삼성의 변화와 개혁을 부 추겼다.

1998년에는 천재 한 명이 1,000명이나 1만 명을 먹여 살리는 시대라는 말로 인재와 기술의 중요성을 강조하는가 하면 지난 해(2003년)에는 5~10년 뒤 무얼 먹고 살지 찾아보자는 말로 경 영진에게 위기의식을 불어넣었다. 삼성그룹의 관계자들은 아 포리즘에 비견될 정도로 문제의 핵심을 찌르면서도 깊은 울림 을 남기는 이건희 회장 특유의 비유법이 바로 인간 이건희 회 장의 깊이를 보여준다고 말한다.』

그 밖에도 이건희 회장은 스포츠에서 경영 철학을 배워야 하고, 영화를 보면서도 입체적 사고를 해서 일석오조의 효과를 얻어야 하며, 경영자는 시나리오 경영, 시뮬레이션 경영 등을 통해 종합 예술가가 되어야 한다는 등 수많은 화두를 세상에 내놓았다.

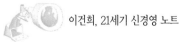

그는 이러한 화두를 던지면서 말로만 그치는 것이 아니라 구체적인 사례와 대처 방법을 제시하고 있다.

가령 스포츠의 경우 이건희 회장은 골프, 야구, 럭비를 삼성의 3대 스포츠로 삼고 골프에서 룰과 에티켓을, 야구에서 스타플레이어와 포수의 정신, 럭비에서 투지를 배워야 한다고 강조하는데 그는 골프, 야구, 럭비에서 배울 점을 다음과 같이 정리해 놓고 있다.

"내가 골프를 럭비나 야구와 함께 삼성의 3대 스포츠 중 한 종목으로 권장하고 있는 이유는 골프가 심판이 없는 유일한 스포츠로서 자율과 에티켓을 가장 중시하는 운동이기 때문이다. 세계적으로 유명한 미국의 PGA 골프 대회에서 있었던 일화는 에티켓의 중요성을 다시 한 번 일깨워준다. 어느 중견 골퍼가 뛰어난 성적으로 라운딩을 마치는 순간 골프장은 우승자에게 보내는 갤러리들의 환호로 가득했다.

그러나 기록실로 다가간 그 골퍼는 아무도 몰랐던 자신의 부정행위를 스스로 신고했다. 당연히 그의 우승은 무효가 됐다. 엄청난 상금과 우승의 영광을 뒤로 하고 골프장을 떠나는 그에게 사람들은 우승자에게 보내는 것보다 더 뜨거운 박수를 보냈다.

비겁한 우승보다 양심과 룰에 따라 떳떳한 패배를 선택함으로써 자신의 자존심과 명예를 지켰던 것이다. 이제 개인과 기업을 막론하고 남을 속이고 기만하는 행동이나 이류경영으로는 승리를 기대할 수 없다. 신용과 신의라는 에티켓만이 진정한 승리를 가져다 줄 것이다."

"언제부턴가 만나는 사람마다 박찬호, 선동렬 선수가 자기에게는 청량제라고 말한다. 시속 150km를 넘는 그들의 강속구가 답답한 가슴을 시원하게 해주고, 삼진이라도 잡으면 통쾌하기까지 하단다. 사실 프로야구에서 승패의 70%는 투수에 달려 있다고 한다. 따라서 투수에게 화려한 스포트라이트가 집중되는 것은 당연한 일이다. 하지만 항상 쭈그리고 앉아 투구 하나하나를 리드하고 투수의 감정을 조절해 가며 수비진 전체를 이끌어가는 포수가 없는 야구를 상상할 수 있는가?

비록 드러나지는 않지만 실제로 팀의 승패를 좌우하는 역할을 하는 결정적 포지션이 바로 포수인 것이다. 기업이나 사회에서도 마찬가지다.

빛나는 성공 뒤에는 항상 주목받지 못하는 그늘에서 자신의 역할을 묵묵히 수행하는 포수와 같은 사람이 있게 마련이다."

"럭비는 한 번 시작하면 눈비가 와도 중지하지 않고 계속한다. 걷기조차 힘든 진흙탕에서도 온몸으로 부딪치고 뛴다. 오직 전진이라는 팀의 목표를 향해 격렬한 태클과 공격을 반복하면서 하나로 뭉친다.

그래서인지 럭비 선수들은 학교를 졸업하고 나서도 럭비 팀에 모이기만 하면 사회적인 지위와 관계없이 모두 하나가 된다고 한다. 악천후를 이겨내는 불굴의 투지, 하나로 뭉치는 단결력, 태클을 뚫고 나가는 강인한 정신력, 이것이 럭비에 담긴 정신이다."

또 이런 이야기도 있다. 이건희 회장은 1990년 초, 사장단들과 점심식사를 하다가 당시 신세계 백화점 사장에게 백화점의 업의 특성이 무엇이냐고 물었다.

"그거야 당연히 상품유통업 아닌가요?"
"아닙니다. 백화점은 부동산업입니다."

이건희 회장은 호텔이나 백화점의 입지가 개발 이익으로 연결되는 탓에 종업원이나 관리자가 아닌 경영자의 입장에서 볼 때는 부동산업으로 보아야 한다는 지론을 폈다. 그래서 호텔이나 백화점 사업을 벌일 때는 부지 선정에 각별히 유의해야 한다는 것이다.

이건희 회장은 업의 문제를 이런 식으로 생각하기 때문에 반도체나 LCD 사업은 시간산업, 시계는 패션산업, 가전은 조립양산업, 카드업은 술장사라고 진단했다. 술집마담이 장사를 잘하느냐 못하느냐는 외상술값을 얼마나 잘 받느냐 하는 능력에 달려 있다는 것이다. 따라서 카드업도 부실채권의 회수와 연체율을 제대로 조절해야만 돈을 벌 수 있다는 논지였다. 이 말은 1990년대 초에 벌써 훗날 벌어질 카드대란을 예견이라도 한 듯한 말이기도 하다.

이쯤 되면 그는 삼성뿐만 아니라 시대를 관통하는 전략적 기획자의 면모를 보여 준다고 할 것이다. 그래서 삼성인의 입장에서 볼 때 신경영 이후에 바뀌어 진 것들이 무척 많다.

한국은 과거 1950년대까지의 폐허와 혼란을 딛고 30여년 간을 하나의 자신감으로 줄곧 전진하여 세계사상 유례가 없는 경제성장의 기적을 이룬 국가이다. 그리고 삼성은 이러한 한국사회의 진보를 선두에서 이끌어 왔다.

그런데 전진하는 대열의 선두가 변화하는 환경을 제대로 파악하지 못하고 파멸적인 방향으로 나아간다면 전체 대열이 위태롭게 되고 만다. 삼성의 패배가 심각한 결과를 초래하리라는 상상이 내 마음을 무겁게 했다.

이 시기에 내가 느낀 위기감은 대단한 것이어서 등에 땀이 나고 한밤에도 잠을 못 잘 정도였다. 위기는 입체적으로 다가오는데 삼성의 행태는 여전히 평면을 기고 있는 상황이라는 생각이 들었다. 그 무렵 조직 내부에서 발생한 몇몇 비도덕적인 행위들은 비록 그것이 외관상 사소한 것이라 하여도 실망을 넘어 나를 분노케 했다.

상황의 일대 반전을 위하여 나는 프랑크푸르트 선언, 소위 신경영 선언을 했다. 선언은 계획에 없던 것이었고, 임원진 회의의 결과도 아니었다. 신경영을 선언하였을 때 나는 변화의 소용돌이 중심에서 혼자서 거대한 책임의 산 앞에 서있는 것 같은 절대고독을 느꼈다. 동시에 위기상황에 대한 책임감이 강해졌다.

나는 바로 그 날 이것의 성공을 위하여 나의 명예와 생명을 걸 것임을 전 삼성 임직원 앞에 엄숙히 약속했다. 또한 처자식 빼고 모든 것을 바꾸자고 변화를 주창했으며, 나 자신이 변화대열의 최선봉에 서서 실천할 것도 약속했다.

이 선언은 물론 한국사회 내부의 조그마한 목소리에 불과할 지도 모르지만 당사자인 우리들에게 있어서는 150년 전의 공산당 선언 못지않은 의의를 갖는 것이었다. 항상 각 시대는 자신의 상황에 알맞은 선언을 갖는 법이다. 그런 의미에서 신경영 선언은 우리 시대의 이상적 경영상을 반영한 것이다.

나는 신경영 선언을 전후해 임직원을 상대로 수백 시간의 강연과 토론을 했는데 이에 대한 정리 작업은 아직도 끝나지 않은 상태이다. 나는 매번 오늘날은 양 대신 질을 요구하기 때문에 우리의 경영도 양에서 질로 중심을 옮겨야 한다고 강조했다.

이건희 회장, 'Agenda fur das 21. Jahrhundert' (95년 발간)

1. 한비자에게서 배우는 리더십

『스스로에게 의존하되, 남에게 의존하지 말라.』

- 한비자(韓非子)

| 일류 리더는 남의 능력을 사용한다 |

인사는 만사라는 말을 즐겨 했고, 유능한 인재를 얼마나 확보하고 키워서 얼마만큼 효과적으로 활용하느냐에 기업의 성패가 달려 있다고 늘 역설한 이병철 회장은 한비자 리더학의 신봉자였다.

동양의 마키아벨리로 불리는 한비자는 인간관계를 철저하고 냉엄하게 해부한 것으로 유명하다. 제갈공명은 유비의 아들 유선이 황태자에 책봉되었을 때 『한비자(韓非子)』를 읽으라고 권했다. 최

이건희, 21세기 신경영 노트

고의 지략가였던 제갈공명은 한비자에 기술되어 있는 조직의 리더가 갖추어야 할 인간경영의 지침을 제왕학의 근본으로 인정했던 것이다. 한비자에서는 리더의 유형을 상·중·하 세 부류로 나누고 있다.

『삼류 리더는 자신의 능력을 사용하고, 이류 리더는 남의 힘을 사용하며, 일류 리더는 남의 능력을 사용한다.(下君盡己能, 中君盡人力, 上君盡人能)』

이 말을 한비자는 닭이 아침이 왔음을 알리고 고양이가 쥐를 잡듯이, 부하 개개인의 능력을 충분히 발휘할 수 있게 이끌 수 있으면 지도자가 직접 나설 필요가 없다. 지도자가 직접 자신의 능력을 발휘해도 부하의 능력을 끌어내지 못하면 일을 원활히 진행할 수 없다고 했다.

그런 점에서 이병철 회장은 남의 능력을 최대한 사용한 리더라 할 수 있다. 그는 삼성을 경영하는 50년 동안 단 한 번도 서류에 결재를 하거나 수표에 도장을 찍지 않았다. 사업 초기에는 지배인에게 그 일을 맡겼고, 대그룹을 이룬 후에는 계열사 사장들에게 일을 위임했다. 이병철 회장의 이러한 용인술은 한비자의 다음과 같은 말을 좌우명으로 삼고 배운 덕인 것 같다.

『한 사람의 힘으로는 다수의 힘을 이길 수 없다. 한 사람의 지혜로는 만물의 이치를 알기 어렵다. 한 사람의 지혜와 힘보다는 온 백성의 지혜와 힘을 쓰는 것이 낫다. 물론 한 사람의 생각만으로 일을 처리해도 성공하는 경우가 있지만 피로가 너무 클 것이고, 실패할 경우 엉망진창이 되고 만다.』

이런 점에서 이건희 회장은 아버지를 그대로 빼어 닮았다.

1993년 9월, 신경영 바람이 한창 몰아칠 때 이건희 회장은 21세기 CEO 과정이라는 교육 프로그램을 만들어서 각 사업부 관리본부장들을 용인 연수원에 집결시켰다. 그는 이 자리에 직접 참석해서 신경영의 급격한 변화를 기피하던 대부분의 관리본부장들에게 힌비자의 리더론을 설파하며 남의 능력을 가져다 쓸 줄 아는 일류 리더가 될 것을 당부했다.

│ 아낌없이 투자하라 │

신경영으로 물꼬를 튼 이건희 회장은 초일류기업을 위한 인재양성에 박차를 가했다. 그는 삼성연수원을 삼성인력개발원으로 개편하고, 삼성인에게 아낌없는 투자와 강도 높은 훈련을 단행했다.

그때 삼성인력개발원은 하루 3,700명이 동시에 교육받을 수 있는 세계 최대의 시설과 인프라를 갖추었고, 1999년부터 노트북 PC로만 교육을 하는 디지털형 학습 시스템을 구축하여 기존의 종이로 된 교재가 없어진 페이퍼리스(Paperless) 교육을 실시함으로써 연수생들이 빈손으로 왔다가 빈손으로 가는 교육을 실현했다.

또 삼성인력개발원에서는 '비전1-10-100'을 추진하고 있었는

이건희, 21세기 신경영 노트

데, '비전 1-10-100' 이란 전통적 집합교육으로 1(만 명)을 교육할 것을 사이버 교육을 통해 10(만 명)을 교육할 수 있고, 완벽한 인트라넷 시스템을 이용해 현장에서 자기주도형 학습(Self-directed Learning)을 하면 100(만 명)만큼의 학습 성과를 낼 수 있는 교육방식이다.

삼성은 막대한 비용을 들여 삼성인들이 경영현장에서 자신의 핵심역량을 실시간으로 진단하고 그 결과를 알아볼 수 있으며 언제든지 문제점을 진단한 뒤 부족한 역량을 스스로 개발해 나갈 수 있는 e-Learning 학습 환경을 구축해 놓았다.

이 외에도 삼성은 신경영의 역점 사업으로 R&D(Research and Development) 투자에 주력해 삼성전자의 경우 매년 매출의 8% 가량인 2조 원 이상을 R&D 분야에 투자했으며, 연간 200여 명이 넘는 인력을 해외 유명 연구소에 투입해 미래기술을 상용화하기 위한 프로젝트 교육을 실시하고 있다.

또한 지적재산권을 최고의 기업자산으로 평가하여 미국, 일본, 영국, 인도, 러시아 등지에도 해외 R&D 센터를 두고 있다. 그리고 국내외 연수와 해외 지역전문가 프로그램을 통해 전 사업 부문에 걸쳐 직무분석을 하고 부가가치가 높은 업무 위주로 조직을 재편성해서 1인당 부가가치를 끌어올렸다.

삼성전자의 경우 전체 임직원의 36%가 넘는 2만 4,000여 명이 R&D 인력이고, 박사급 인력만도 2,400명이 넘어서 선진국의 일류 기업에 못지않은 고급 인력을 확보하고 있다.

또한 생산기능직을 제외한 25%가 석사학위 이상 소지자이고,

이 숫자는 매년 증가하고 있다.

뿐만 아니라 삼성의 인사팀은 이건희 회장의 강력한 지시에 따라 우수인력 유치를 위한 해외 채용팀을 가동하고 있는데, 핵심인력을 S(Super)급과 H(High Potential)급으로 분류하고 전 세계를 돌며 스카우트 대상을 물색하고 있다. 삼성 계열사 인사팀장의 주머니에는 핵심인력 목표와 현황을 적은 보고서가 항상 준비되어 있고, 우수한 인재 한 명을 데려오기 위해서라면 회사전용기를 동원한 007작전도 불사하고 있다. 21세기 지식정보화 사회에서 인재는 곧 기업의 자산이기 때문이다.

이건희 회장의 이러한 오너십은 1978년 삼성물산 부회장에 취임해 경영에 참여하면서부터 이미 드러났다. 그는 공채출신을 우대하는 삼성의 순혈주의를 지켜가면서도 한편으로는 다양한 분야의 인재들을 과감히 영입하자는 '잡종(雜種) 강세론'을 이병철 회장에게 건의했다. 그때부터 삼성의 인재제일주의 콘텐츠에 적잖은 변화가 생기기 시작했다.

공채 출신 엘리트를 중시하던 삼성의 인재관에 다양성의 바람이 불기 시작한 것이다. 이건희 회장은 세계은행의 국제금융 전문가를 초대 기획조정실장으로 영입했고, 국내외 대학에서 전문가들을 발탁해 요직에 포진시켰다.

이건희 회장은 기회가 있을 때마다 5년이나 10년 후 명실상부한 초일류기업으로 도약하기 위해서는 인재를 조기에 발굴하고 체계적으로 키워내는 노력이 필요하다고 강조했다.

그가 인재경영을 향후 10년을 이끌 경영 키워드로 내세운 것은 세계 일류기업들과의 경쟁에서 이기려면 핵심인재의 확보가 관건이라는 현실인식에 근거한 것이다.

"지금처럼 미래 변화를 예측하기 어려운 시대에는 우수한 인재를 확보하는 것만이 미래를 대비하는 가장 중요한 전략이다. 경영자라면 핵심인재 확보를 자신이 챙겨야 할 가장 중요한 과제로•인식해야 한다. 경영자는 본능적으로 사람에 대한 욕심이 있어야 한다. 필요하다면 삼고초려(三顧草廬), 아니 그 이상을 해서라도 반드시 확보해야 한다."

삼성은 연말 사장단 업적평가에서 핵심인력 확보에 대한 평가를 통해 이를 인사에 반영하고 있다. 삼성은 우수인재를 국내로 불러오는 데 그치지 않고 해외에 연구개발센터를 만들어 생활환경과 문화적 차이 등으로 한국에 들어오기를 기피하는 외국의 인재들을 현지에서 스카우트해 활용하는 전략을 세워 놓고 있다.

그래서 선진국은 물론 러시아, 중국, 베트남 등 옛 사회주의권 국가의 뛰어난 과학기술 인재들을 국적에 관계없이 끌어 모으고 있다. 삼성은 이렇게 확보한 인재들을 통해 미래 성장산업을 일으키고, 초일류기업으로서의 입지를 더욱더 확고히 한다는 전략을 갖추고 있는 것이다.

신경영 이후 삼성에는 삼성의 미래를 이끌어 갈 핵심인재 육성 프로그램이 등장했다. 이 과정 중에는 나중에 너무도 유명해진 '지역전문가 과정'을 비롯해 'Techno-MBA', 'Socio-MBA', '21

세기 리더 과정', '21세기 CEO 과정' 등이 포함되었다. 특히 21세기를 맞아 새롭게 개설된 'Techno-MBA'와 'Socio-MBA'는 전문소양을 갖춘 경영인력을 육성하기 위한 것으로 업무와 별개로 실시되는 전문교육으로 대단한 인기를 끌고 있다.

삼성의 일반사원들에게 가장 인기가 있는 지역전문가 과정은 매년 2,000명을 선발해 전 세계에 파견하는 현지교육제도인데 이는 사원 한 사람에게 8,000만 원꼴로 총 1,600억 원이라는 막대한 금액을 투자하는 삼성인의 국제화사업이다. 그야말로 인재에게 아낌없이 투자를 하고 승부를 거는 삼성다운 경영이 아닐 수 없다. 그것은 기업의 경쟁력은 곧 인재의 경쟁력이라는 이건희 회장 경영철학의 시대적 요청인 셈이다.

2. 비교전시경영

| 비교전시경영의 정례화 |

1993년 LA에서 전자부문 수출품 현지 비교평가회의를 연 이후, 삼성은 그룹의 경쟁력 강화를 위해 해마다 선진제품 비교전시회를 열고 있다.

'양의 경쟁에서 질의 경쟁으로!' 패러다임을 바꿀 것을 결심한 이건희 회장은 직접 전 세계를 돌면서 삼성 제품이 어떤 대접을 받고 있는가를 자기 눈으로 확인했고, 임직원들을 현장으로 불러 들여 가차 없이 질타했다. 또한 그는 비교전시경영을 정례화 함으로

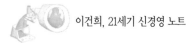

서 해외 선진 제품과 삼성의 제품을 항상 비교 분석해서 모자라는 점을 보완할 수 있게 했다. 이런 엔지니어 정신을 통한 비교전시경영은 제품에 대한 이건희 회장의 끝없는 탐구심과 도전의식의 결과라고 할 수 있을 것이다.

엔지니어 정신을 통한 비교전시경영 실시 이후 삼성 계열사의 제품은 모두 놀라울 정도로 품질이 향상되었다. 그것은 계열사의 CEO 모두가 한마음 한뜻으로 몸을 바쳐서 회장의 뜻을 따랐기 때문이기도 하다.

2004년 8월 16일, 삼성전자 수원사업장에는 '2004 선진제품 비교전시회'가 열렸다. 이 자리에는 이건희 회장과 구조조정본부 이학수 부회장, 김인주 사장을 비롯해 삼성전자 대표이사인 윤종용 부회장과 이기태, 황창규, 이상완, 임형규, 최지성 사장 등 삼성전자 각 계열사 사장들이 참석했다.

또한 삼성SDI 김순택 사장, 삼성전기 강호문 사장, 삼성코닝 송용로 사장, 삼성테크윈 이중구 사장 등 관계사 경영진 20여 명과 삼성 임직원 2만여 명도 참여해서 69개 품목, 총 517개의 세계 유명제품을 둘러보았다.

디지털미디어, 정보통신, 생활가전, 반도체, LCD, 핵심요소기술, 홈 네트워크, 디자인 등 총 8개 분야의 전시관이 들어선 820평 규모의 전시장에는 소니, 마쓰시타, 샤프 등 일본 제품과 GE, 인텔, 노키아 등 분야별 세계 최고기업 제품이 총망라되어 있었다.

이 자리에서 이건희 회장은 사장단에게 이렇게 당부했다.

"시장을 선도하기 위해서는 세계 초일류제품과의 핵심기술과 기능·디자인 등의 장단점 차이 분석을 통해 우리의 위치를 파악하는 것이 중요합니다. 이를 위해서 우리는 기술개발(R&D) 투자를 과감하게 확대하고 핵심인력을 확보하는 등 소프트 경쟁력을 더욱 강화해야 합니다."

이러한 이건희 회장의 단호한 의지와 그를 뒷받침한 훌륭한 기업 시스템은 삼성을 일류로 발전시킨 핵심비결이었다. 삼성전자가 월드베스트 제품을 앞세워 세계적 IT기업으로 발돋움하기까지 이건희 회장의 비교전시 경영학이 큰 역할을 했다는 것은 이미 잘 알려져 있는 사실이다.

| 신경영 14년의 성과 |

삼성의 질 위주의 신경영은 그야말로 지난 14년 동안 기적에 가까운 성과를 냈다. 1990년대 중반까지 세계 일등 제품이 단 한 개도 없던 삼성은 D램 반도체, 낸드 플래시메모리, 초박막 트랜지스터 액정표시장치(TFT-LCD), 부호분할다중접속(CDMA) 방식 휴대폰 등 세계시장 점유율 1위 제품을 19개로 늘려 놓았다.

이건희 회장의 이러한 리더십은 '선택과 집중'에서 나온다는 것이 정설이다. 그는 잘할 수 있고, 꼭 필요한 것에 집중해서 이익을 창출하라고 역설한다. 그것만이 성공에 이르는 지름길이라 믿고 있는 것이다.

그는 그 믿음을 바탕으로 항상 미래를 내다보는 경영을 할 것을 주창한다. 그의 이러한 말은 이제 삼성인들에게는 비전의 제시로 들린다. 그래서 삼성의 성공은 이건희 회장이 꿈을 제시하면 치밀한 조직력을 갖춘 참모진이 그것을 뒷받침했기 때문에 가능했다는 평가를 받고 있다.

이건희 회장은 성실성, 창의성, 책임감, 정직성, 전문성을 삼성인의 덕목으로 제시한 바 있다. 이 다섯 가지 덕목 중에서 이건희 회장이 가장 중요시하는 것은 창의성이다.

그는 자신과 함께 꿈을 꾸며 새로운 비전과 상품을 만들어낼 엔지니어적 천재들과 그 꿈을 비즈니스화해서 전 세계를 무대로 뛸 치밀하고 적극적인 비즈니스 천재들을 국적에 관계없이 끌어 모으고 있다. 세간에서는 이건희 회장이 최고의 엔지니어와 최고의 비즈니스맨을 삼성을 이끌고 갈 두 바퀴로 생각하고 있는 것으로 파악한다. 삼성의 한 고위 관계자는 이렇게 말한다.

"마차를 더 잘 만드는 인재도 중요하지만, 마차에서 자동차를 꿈꿀 수 있는 그런 창의적인 인재상을 이 회장은 바라는 것 같다. 그 동안은 선진국이 만든 걸 베껴서도 먹고 살았지만, 이제는 누구도 미처 생각지 못한 것을 만들 수 있는, 사물의 컨셉을 바꿀 수 있는 사람을 원하고 있다."

이것은 이건희 회장이 왜 천재경영을 주창하고 있는지를 보여주는 단서일 수 있다.

그러나 이건희 회장은 창의성 외에 성실성, 책임감, 정직성, 전문성을 무시하지 않는다. 제일모직이나 제일합섬을 거쳐 비서실에 발탁된 치밀한 재무통 출신 CEO가 전체 사장단의 30%에 달한다는 점도 삼성이 여전히 전통적 인재유형을 선호하고 있음을 보여준다. 이러한 인재들의 보좌 없이는 아무리 창의성이 뛰어나고 아이디어나 기획이 뛰어나도 이를 사업화해서 성공할 수 없다는 것을 이건희 회장은 너무도 잘 알고 있기 때문이다.

이것이 이건희 회장식 선택과 집중의 절묘한 조합이자 성공의 지름길이었던 셈이다. 신경영의 성과는 그룹 매출액에서도 충분히 증명되고 있다.

삼성의 매출은 이건희 회장 취임 후인 1987년 13조 5,000억 원에서 2004년 135조 3,000억 원으로 10배, 세전이익은 1,900억 원에서 19조 원으로 100배, 증시 시가총액은 1조 원에서 100조 원으로 100배가 늘었다. 삼성이 증시에서 차지하는 비중도 6.3%에서 28.1%로 커져 한국 증시는 삼성그룹의 경영성과에 달려 있다고 해도 과언이 아니게 되었다.

삼성의 대표적 기업인 삼성전자는 2002년에 세계 브랜드 파워 32위를 차지한 뒤 2005년에는 20위로 뛰어오르며 일본의 간판 기업인 소니(28위)를 제치고 드디어 아시아 최고의 기업으로 자리 잡았다.

3. 은둔하는 카리스마

| 자유분방한 리더 |

이병철 회장은 유교식 교육을 받은 세대로서 왕조시대의 제왕적 권위를 카리스마로 변용시켜 기업경영에 활용한 사람이다.

『이병철 회장은 권위적이고 차갑게 느껴져 비서들이 감히 말을 붙이기 어려웠다. 또 워낙 깔끔한 성격이어서 비서들은 아예 술과 담배를 끊어야 했다. 엘리베이터에서 담배 냄새를 맡고 비서에게 '자네, 아직도 담배 피우나?' 고 핀잔을 준 적도 있다.

그는 해외 여행시에 공항에서 비행기에 탑승하고 내릴 때 단 1초라도 발걸음을 멈추게 되면 비서들에게 불호령을 내렸다. 그래서 공항 수속시나 고속도로 이동시에는 단 1초도 멈추지 않고 통과할 수 있도록 사전에 조치를 취하느라 비서들은 초긴장을 해야 했다.』

(임승환, '5대 그룹총수의 성격 보고서', 1998)

그러나 이건희 회장은 아버지와는 다른 면을 많이 가지고 있는 오너다. 이건희 회장은 그런 아버지를 보고 자랐지만, 어린 시절부터 외국에서 자유분방한 생활을 해왔던 터라, 아버지를 빼닮지는 않았다. 오히려 그는 아버지와 반대적인 생활을 하면서 아버지와는 또 다른 유형의 리더십과 카리스마를 보여주고 있다.

『선대는 형식적이고 권위적이며 집착력과 의지력이 남달리 강했던 반면, 2세인 우리는 현실적이고 사고가 유연합니다. 선대는 출퇴근이 시계처럼 정확했지만, 나는 일할 때 일하고 외부와 스케줄이 있는 것 외에는 평소에 제 일을 봅니다. 선대회장은 1년 스케줄에 화요일과 금요일엔 골프장, 수요일에는 거의 중앙일보에 계셨기 때문에 전화를 안 걸어보고 가도 쉽게 만날 수 있었죠.』

(이인길, '나는 그 동안 속아 살았다' 신동아,1993.)

이건희 회장은 때로 사석에서 넥타이를 풀거나 노타이차림으로 나타나는 등 소탈한 모습을 보이기도 한다. 또 해외 출장을 갈 때 공항에서 직접 자신의 짐 가방을 챙기기도 한다. 이병철 회장은 수신제가(修身齊家) 치국평천하(治國平天下)를 가풍으로 삼고, 자녀들에게 유교적인 교육을 시킨 엄한 아버지였다. 반면 이건희 회장은 가정적이고 자애로운 현대적 아버지의 면모를 많이 보여준다.

『삼성그룹 이건희 회장은 지난 87년 1월 8일 이례적으로 회사에 출근하지 않았다. 물론 그때는 부회장 시절이었으니 회사에 업무가 밀려있는 상태였다. 그런데 그가 회사에 나오지 않은 것이다. 이유는 그의 장남 재용군이 서울대에 입학원서를 내는 날이었기 때문이다. 물론 부인 홍라희 씨와 함께였다.
우리나라 최대의 재벌 삼성그룹의 제2인자(당시는 이병철 회장 생존 때였다)인 부회장도 이 날만은 전국 70만 수험생의 학

이건희, 21세기 신경영 노트

부모 가운데 한 명에 불과했다. 자신의 업무보다 장남 재용군의 서울대 합격에 더 신경을 쓰는 아버지 역할에 충실했던 것이다. 이건희 회장이 1남 3녀의 자녀를 끔찍이 생각한다는 사실은 그룹 내에 잘 알려져 있다. 술이 체질적으로 맞지 않아(맥주 2잔이면 취한다) 이 회장은 퇴근 후 특별한 약속이 없으면 집으로 직행한다.

자녀들과 지금도 뺨을 비빌 정도로 잔정이 많다. 공부에 시달리는 아들이 안쓰러워 굳이 서울대를 나와야 하느냐? 승마도 하면서 다양하게 살라며 충고할 정도다.』

(한유림, '세계는 꿈꾸는 자의 것이다', 1993)

이건희 회장이 아버지와는 달리 온화한 감성 리더십의 오너가 된 데는 시대가 많이 달라진 탓도 있겠지만 그의 혈액형이 AB형인 것도 연유가 될 것이다. AB형 성격의 특성인 합리적인 비판 능력과 한 가지만 생각하지 않고 다양한 각도로 상황을 점검하며 여러 가지 일을 동시에 진행하는 능력이 있기 때문이다.

| 지하실에 15개의 VTR & 20권의 독서 |

이건희 회장의 진면목은 그가 어떤 생활을 하고 있는가를 들여다보면 쉽게 이해할 수 있을 것이다. 물론 그의 생활을 들여다 보는 일은 쉽지 않다. 다만 언론에 보도된 사실들과 그가 인터뷰에서 밝힌 생활에 대한 이야기를 유추함으로서만 가능한 일이기도 하다.

이건희 회장은 공식적인 일정이나 특별한 일이 없는 한 집에 머무르며 재택근무를 한다. 그는 30여 평 규모의 지하실을 업무실로 꾸며놓고 있는데 그곳은 업무실이라기 보다는 첨단제품 실험실이라는 말을 들을 정도라고 한다. 방 안에는 100인치 대형 스크린이 정면에 자리 잡고, 좌우에는 첨단 음향기기들이 놓여 있다.

그리고 좌우 벽에는 15개의 VTR과 500여 개가 넘는 테이프가 빼곡히 쌓여 있는데 그것들은 모두 선진 기업들의 제품 개발 동향이나 컴덱스 쇼 등 전시회 관련 비디오들이라고 한다. 이건희 회장이 여기서 하는 중요한 업무 중에 하나가 그 테이프들을 보거나, 삼성 미국본사나 일본본사에서 보내오는 선진 기업들의 최신 제품을 삼성 제품과 같이 직접 사용해 보기도 하고, 분해와 조립도 해 보면서 비교·분석하는 것이라고 한다.

삼성전자가 월드베스트 제품을 만들어 내고 세계적 IT기업으로 발돋움할 수 있었던 데는 이건희 회장의 이러한 비교·분석 노력이 깃든 비교전시 경영학에 힘입은 바가 크다고 한다. 또한 삼성전자가 엔지니어의 천국으로 불리고 있는 데는 다 그만한 이유가 있는 것이다.

얼마 전 그는 집을 대대적으로 확장하면서 언론의 플래시를 받았는데 그의 작업실에 대한 보도는 없었다. 강준만의 『이건희 시대』란 책에는 그 집의 규모에 대해 이렇게 실려 있다.

『이태원동 135번지 일대에서 10년째 공사를 벌인 이건희 타운은 전체 대지 면적 1,650평, 연면적 2,744평, 주차차량 45대, 지하 3층의 요새다. 메인 건물 등 네 동으로 구성돼 있는 건물 전체가 거대한 실험실로, 땅값만 250억 원에 공사비를 합치면 800억 원이 넘는다. 이건희 회장 타운엔 전혀 새로운 시설이 들어섰지만 그게 무엇인지는 그 누구도 모른다는 데에 묘미가 있다.』

필자는 세계 27위 기업의 총수가 그 정도 집에 사는 것에 대해 말이 많은 것에는 별로 할 말이 없고, 다만 그 집에서 이건희 회장의 업무실이 어떻게 변했는지 궁금할 뿐이다. 그는 그의 집에 자신의 업무실을 거대한 실험실로 꾸며놓고, 새로운 비교전시경영을 실천하기 위한 노력을 기울이고 있는 것은 아닌가 싶다.

어쨌든 이건희 회장은 지금도 매달 정치, 경제, 사회, 문화 등 다양한 분야의 책과 잡지를 읽고, 전세계로부터 공수되고 있는 선진기업의 동향이 담긴 비디오를 보고 있다. 그는 시사경제에서부터 문화예술에 이르기까지 국내외 잡지 50여 종을 구독하며 서가에는 경영학 서적 대신 우주과학, 전자, 항공, 자동차, 바이오 등 이 · 공학 관련서적이 즐비하게 꽂혀 있다고 한다. 이건희 회장은 언론과의 인터뷰에서 20권 정도의 책은 정독을 하고 있다고 밝혔다.

그는 관심을 가지고 있는 분야의 매일 접하는 엄청난 정보를 나름대로의 방식으로 소화해서 깊은 통찰력을 얻어내고 있다. 이렇게 차별화된 리더로서 이건희 회장은 때로 신경영, 천재경영, 강소국(强小國), 상생경영과 같은 사회적, 철학적 키워드를 내놓았고 자신이 이끄는 삼성을 초일류 기업집단으로 이끌어 냈다.

기업 활동의 본질

　기업과 경영은 우리 시대의 특징적인 현상이다. 기업의 출현은 그 중요성으로 보아 도시의 출현과 비교할 수 있다. 그렇다면 우리 시대의 생산주체인 기업의 본질적인 특성은 무엇인가?

　자본주의 시대가 개막된 이래 기업은 가장 전위적인 조직으로 각종 이념적 논란의 중심에 자리 잡고 있었다. 기업은 각 시기가 던진 모든 정신적, 물질적 제약과 도전에 응전하였으며, 인간의 가능성을 다양하고 구체적으로 실험한 주요 무대가 되기도 하였다.

　기업은 전위적, 첨단적 조직과 문화를 대담하게 시도하였을 뿐만 아니라 우리사회의 물질적 복지 기반을 구축하는 데도 결정적으로 기여해 왔다.

　기업은 역사의 진보나 인류의 행복과 같은 구호를 표방한 적은 없었지만 결과적으로 이러한 일에 상당부분 공헌한 것도 사실이다. 기업은 예술과 더불어 문명의 선두를 견인하였다. 예술이 개인적 차원에서 그러한 일을 하였다면, 기업은 조직적, 집단적 차원에서 그러한 일을 수행하였다. 기업의 본질적인 역할을 이처럼 시험을 위한 무대에서 찾을 수도 있지만 논자에 따라 강조점은 달라질 수도 있을 것이다.

　나는 이 시대가 기업에게 요구하는 본질적인 역할은 좋은 물건(또는 서비스)을 싸게, 그리고 빨리 고객에게 제공하는 것이라 생각한다. 이것을 실천하는 과정에서 궤도를 달리하는 수많은 기법 및 방법론이 나타날 수도 있겠지만 이러한 활동의 기조는 앞으로도 상당 기간 변하지 않을 것으로 생각한다.

그러므로 경영자는 어떠한 방법론 선상에 서 있더라도 좋은 물건을 싸게, 빨리 제공한다는 기업의 본질적 역할을 거듭 되새기지 않으면 안 된다. 이러한 기업의 본질에 대한 확고한 인식 없이는 현대 경영학이 쏟아내는 수많은 기법의 홍수 속에서 자신의 위치를 잃고 만다.

물론 이러한 기업 역할의 본질도 궁극적으로는 인간본위의 철학에 기초하고 있음을 잊어서는 안 될 것이다.

「Agenda fur das 21. Jahrhundert」(95년 발간)에 기고

월드포스트 월드베스트

삼성은 2010년까지 브랜드 가치를 700억 달러로 높이고, 세계 일등 제품을 50개 이상 확보할 것과 세계에서 가장 존경받는 기업으로 성장한다는 중·장기 비전을 확정 발표했다.

제2신경영의 선포는 월드베스트 전략을 추진해 온 삼성이 초국적 기업으로의 도약 의지를 밝힌 것이다.

1. 천재경영

| 제2신경영 선언 |

2003년 6월 5일, 서울 신라호텔에서는 삼성의 신경영 10주년을 기념하는 사장단 회의가 열렸다. 이 회의에서 삼성은 신경영의 성공을 자축하며, 이에 그치지 않고 더 높이 도약하기 위한 제2신경영의 시작을 선포했다.

이 날 삼성은 2010년까지 브랜드 가치를 700억 달러로 높이고 세계 일등 제품을 50개 이상 확보할 것과 세계에서 가장 존경받는 기업으로 성장하겠다는 중·장기 비전을 확정, 발표했다. 제2신경영 선포는 월드베스트 전략을 추진해 온 삼성이 초국적기업으로 도약하겠다는 의지를 밝힌 것이다.

이건희 회장은 늘 기회가 있을 때마다 21세기는 뛰어난 창조성을 지닌 소수의 천재들이 국가의 경쟁력을 좌우하는 두뇌 경쟁의 시대가 될 것이라고 말해왔다. 특히 그는 계열사 최고경영자의 경영 성과에 우수 인재를 확보한 실적을 포함시키고, 이를 최대 평가 항목으로 삼는다는 구상을 가지고 있었다. 이는 삼성의 창업주인 이병철 회장이 주창한 인재제일 정신의 적극적인 계승인 셈이다.

삼성은 전 지구적 무한경쟁의 시대를 맞아 신경영과 IMF 구조조정이라는 두 차례의 경영혁신을 성공적으로 마무리함으로써 국내 일류기업에서 세계 정상급의 기업으로 올라설 수 있었다. 이 과정에서 이건희 회장은 반도체와 휴대폰 사업에 대한 사운을 건 과감한 투자, LCD사업의 공격적 경영 등 몇 차례에 걸쳐서 건곤일척의 승부수를 던졌다. 그것은 시대의 흐름을 누구보다 빨리 읽었기에 가능했고, 거기서 승리를 거머쥠으로써 시대를 선도하는 고지를 선점할 수 있었다.

이건희 회장은 삼성이 2000년대에 들어 사상 최대의 경영실적을 올리고 있음에도 불구하고 조심스럽게 말한다.

"현재의 실적에 자만하다가는 언제든지 위기에 빠질 수 있다. 중요한 것은 5년이나 10년 뒤에 무엇을 해먹고 살지 지금부터 대비해야 한다는 것이다."

이처럼 그는 미래를 대비하는 준비경영을 누차 강조하고 있다. 오너의 이러한 의지는 삼성경제연구소가 발표한 서비스 로봇 등

지속적 성장을 위한 10대 미래기술의 선정에 그대로 나타나 있다.

| 천재경영 |

삼성의 제2신경영 선언은 '천재경영'을 화두로 내세웠다. 선대 회장의 '인재경영'과 '일등주의'를 결합한 것으로 보이는 '천재경영'은 그 후 삼성을 움직이는 핵심이념이 되었다.

이건희 회장은 기회가 있을 때마다 10년 후 명실상부한 초일류 기업으로 도약하기 위해서는 인재를 조기에 발굴하고 체계적으로 키워내는 노력이 필요하다고 강조하고 있다. 그는 이렇게 말한다.

"외부에서는 신경영이 질(質) 위주 경영이었다면 제2신경영은 무엇이냐고 궁금해들 합니다. 그에 대한 답은 바로 나라를 위한 천재 키우기라고 할 수 있습니다. 21세기는 경쟁이 극한수준으로 치달아 소수의 창조적 인재가 승패를 좌우하게 되는 거죠. 과거에는 10만 명, 20만 명이 군주와 왕족을 먹여 살렸지만, 앞으로는 천재 한 사람이 10만 명, 20만 명을 먹여 살리는 시대가 될 겁니다.

총칼이 아닌 사람의 머리로 싸우는 두뇌 전쟁의 시대에는 결국 뛰어난 인재, 창조적 인재가 국가의 경쟁력을 좌우하게 됩니다. 20세기에는 컨베이어 벨트가 제품을 만들었으나, 21세기에는 천재급 인력 한 명이 제조공정 전체를 대신할 수 있어요. 예를 들어 반도체 라인 1개를 만들려면 30억 달러 정도가 들어가는데, 누군가 회로선폭을 반만 줄이면 생산성이 높아져 30억 달러에 버금가는 효과를 거두게 됩니다. 천재들을 키워 5년이나 10년 후 미래산업에서 선진국과 경쟁해 이기는 방법을 말씀드리는 겁니다."

이건희 회장이 천재경영을 향후 10년을 이끌 경영 키워드로 내세운 것은 세계 일류기업들과의 경쟁에서 이기려면 핵심인재의 확보가 관건이라는 현실인식에 따른 것이다.

'바둑 1급 10명이 바둑 1단 한 명을 못 이긴다' 는 것이 삼성식 천재경영의 핵심이라 할 수 있다. 삼성에는 총 21만 명의 직원 중 1만 5,000명에 달하는 박사급 인재가 근무하고 있다. 삼성전자의 경우 박사급 인력은 2000년에 1,000명을 돌파한 데 이어 2001년 1,100명, 2002년 1,350명, 2003년 1,800명, 2004년 1,970명, 2005년 2,400명으로 급증했다. 2,400명의 박사 중 97%가 전기·전자, 컴퓨터, 재료공학 등을 전공한 이공계 출신들이다. 삼성측은 전공별, 출신학교별 수치는 대외비로 관리하고 있다.

삼성의 천재경영에서 가장 먼저 효과가 드러난 분야는 바로 반도체다. 삼성은 앞서 살펴보았듯이 1983년 사운을 건 반도체 설비 투자를 시작한 뒤 기술의 벽에 부딪혀 숱한 어려움을 겪었다. 일본 기업들의 방해와 가격덤핑 작전에 휘말린 삼성은 자체적 기술개발만이 살아남는 길이라는 인식하에 기술인력 확보에 사운을 걸고 나섰다.

그렇게 해서 영입된 인재들이 지금 S급 인재로 불리는 진대제 전 삼성전자 디지털미디어 부문 사장(전 정보통신부 장관), 황창규 반도체총괄 사장, 임형규 삼성종합기술원장, 박상근 무선통신 부문

전무, 서양석 삼성종합기술원 전무, 유인경 상무보, 송지우 메가트로닉스 센터장 등이다.

2002년 7월, 이건희 회장 장학재단을 설립한 것도 천재급 인력의 양성을 위해서였다. 미국, 유럽, 중국, 러시아, 인도 등의 일류 대학 유학생들 중 100명의 우수학생을 선발해 1인당 연간 5만 달러를 지원해서 미래의 삼성 인재를 키운다는 전략이다.

이건희 회장은 기업이 살고 일류로 계속 남으려면 현재에 만족하기보다는 부단한 개혁과 노력이 필요하다는 것을 강조하고 있다. 5년이나 10년 후 삼성을 세계 초일류기업, 빅5로 만들어줄 사람은 천재적인 아이디어와 기술을 가진 인재라는 것이 이건희 회장의 생각이다.

그렇다면 이건희 회장이 생각하는 천재는 어떤 사람일까?

"한마디로 빌 게이츠 같은 사람이죠. 마이크로소프트사의 매출액이 미국 국내총생산(GDP)의 2.7%를 차지하고, 세금도 미국 총 납세액의 1.8%에 이릅니다. 그런 천재 세 명만 나오면 우리 경제의 차원이 달라집니다. 그런 천재 세 사람을 찾겠다는 것이 저의 목표입니다."

2. 초일류경영

2000년대에 들어서 삼성은 한국은 물론 전 세계적으로도 가장 잘나가는 회사가 되었다. 월드 베스트, 월드 퍼스트 전략을 지속적으로 추진해 온 삼성은 대표적 기업인 삼성전자를 비롯해 거의 모든 계열사가 여러 부분에서 세계 리딩 기업으로 도약하고 있다.

반도체, 휴대전화, LCD, 디지털 TV에서 세계 최첨단 기업의 면모를 과시하고 있는 삼성은 2004년과 2005년 잇달아 몇 가지 부문에서 속속 기술의 벽을 깨며 세계 초일류기업으로서의 면모를 보여주고 있다.

삼성은 최근 기술의 한계로 알려졌던 60나노 공정을 이용한 8기가 낸드 플래시 메모리를 세계 최초로 개발하여 8기가 반도체 시대의 개막을 알렸고, 이어서 16기가, 32기가 낸드 플래시 메모리를 개발해 냈다. 또 삼성은 세계 최고속 667MHz 모바일 CPU, 세계 최대 용량 80나노 2기가 DDR2 D램, DDR3 D램을 개발했다. 이어서 100인치의 벽을 깨고 102인치 PDP TV를 개발 발표했다.

또한 삼성은 건설과 조선 부문에서도 일취월장하여 공사비만 8억 8천만 달러에 달하는 세계 최고층 건물인 버즈두바이(Burj Dubai) 공사를 수주했다. 버즈두바이는 지상 160층에 높이 700미터, 연면적 15만 평에 달하는 세계 최고층 건물이 될 것이라고 한다. 이로써 삼성은 현재 508미터로 세계 최고층인 대만 TFC 101빌딩, 말레이시아 페트로나스타워 완공에 이어 세계에서 가장 높은 3개의 마천루를 모두 직접 시공하는 기록을 세우게 되었다.

삼성은 조선 부문에서도 세계 최대의 컨테이너선, LNG선, 심해용 원유시추선 등 고부가가치 선박 건조를 통해 세계 선박 기술을 선도하는 기업으로 탈바꿈하고 있다.

이건희, 21세기 신경영 노트

| 초우량기업의 조건 |

『위대한 기업으로 도약하는 것을 막는 최대 적은 좋은 기업
(The enemy of great is good)이다.』

이 말은 『좋은 기업을 넘어 위대한 기업으로(From good to
great)』에서 짐 콜린스(Jim Collins)가 한 말이다. 이 말처럼 현재의
삼성에게 필요한 말은 없을 것이다.

그래서 삼성 경영진은 잘나가는 지금 위기가 닥쳐오고 있는지
모른다며 위기경영 체제를 가동하고 있다.

이건희 회장의 2005년 신년사는 지난해 세전순익 19조 원으로
사상 최대의 실적을 기록한 기업답지 않게 비장하기까지 했다.

"우리는 지금 오르기는 어려우나 떨어지기는 쉬운 정상의 발치
에 서 있습니다. 이 순간 위기의식으로 재무장하고 힘을 모으면 머
지않아 정상을 밟을 수 있지만, 자칫 방심하거나 현실에 안주한다
면 순식간에 산 아래로 떨어지게 될 것입니다. 그동안 우리 삼성은
세계의 일류기업들에게 기술을 빌리고 경영을 배우면서 성장해 왔
습니다. 그러나 더 이상 어느 기업도 우리에게 기술을 빌려 주거나
가르쳐 주지 않으며, 오직 경계와 견제가 있을 뿐입니다. 이제 우
리는 기술개발은 물론 경영 시스템 하나하나까지 스스로 만들어
나가야 하는 자신과의 외로운 싸움이 시작된 것입니다."

이건희 회장은 허세를 부리지 않고 진정한 초일류기업이 되기 위해서는 자신과의 외로운 싸움에서 승리를 거두어야 한다고 선언 했다. 그것은 짐 콜린스가 말하는 위대한 기업으로 가기 위한 노력 에 다름 아니다.

여기서 콜린스가 위대한 기업으로 도약하기 위한 조건으로 제시 한 고슴도치(Hedgehog) 이론을 들여다 볼 필요가 있을 것 같다. 고슴도치 이론이란 자신을 잡아먹으려는 여우의 온갖 위협에 대처 하는 고슴도치의 자세를 말한다.

여우는 고슴도치의 굴 주변을 맴돌며 여러 가지 교활한 꾀를 내 어 고슴도치를 유혹한다. 드디어 완벽한 순간이 오고 여우는 사냥 감을 덮친다. 그러나 그 순간 고슴도치는 온 몸에 가시를 세우고 몸을 공처럼 말아서 변신한다. 여우는 가시덩어리가 된 고슴도치 를 도저히 공격할 엄두를 내지 못한다. 어쩔 수 없이 여우는 다시 숲 속으로 들어가 새로운 공격 전략을 구상할 수밖에 없다.

세상에는 고슴도치와 여우의 싸움 같은 일들이 빈번히 벌어지고 있는데, 여우가 훨씬 교활하지만 이기는 건 늘 고슴도치다. 고슴도 치는 자신의 컨셉에 부합하지 않는 일에는 전혀 관심조차 없다. 고 슴도치처럼 기업도 복잡한 전략보다는 일관성을 가지고 핵심 역량 (core competence)에 집중해야 한다는 이론이다.

요즈음 삼성의 행보를 보면 그 이론을 받아들여 제대로 행하고 있는 것 같다. 삼성은 전사적 핵심역량을 기울여서 60나노 8기가 낸드 플래시, 90나노 D램 양산, 1,000만 화소 카메라폰, 가로화면 메가 픽셀 폰, 102인치 PDP TV, 블루레이 디스크, 지상파 DMB

칩, 휴대폰용 위성 DMB 칩 개발 등 세계 최초의 신기술과 신제품 개발에 힘쓰고 있다. 숙적인 소니와 2만 건에 달하는 특허를 공유하고, LCD 7세대 라인을 합작하는 공격적 전략을 구사하고 있다.

삼성은 최근 화성 반도체 제2단지를 착공하고, 반도체부분에서 2012년까지 330억 달러에 달하는 대규모 투자를 예정대로 진행할 방침을 밝힘으로써 초일류기업을 향한 중단 없는 공격경영을 선언했다.

3. 디자인 혁명

| 제1디자인 혁명 선언 |

최근 실시된 조사에 따르면 미국 소비자의 상당수가 삼성 애니콜의 디자인이 도요타의 렉서스를 연상시킨다고 응답한 것으로 나타났다. 렉서스는 현재 미국에서 가장 많이 팔리고 있는 고급 자동차이고, 삼성 휴대폰 또한 미국인들 사이에서 명품의 자리를 잡아가고 있다는 공통점을 갖는다.

혁신적이고 아름다운 디자인을 통해 그동안 1천만 대 이상 판매된 히트 모델인 일명 벤츠폰(SGH-E700)과 이건희 회장폰(T100), 그리고 블루블랙폰(SGH-D500)은 세련된 디자인은 물론 다양한 첨단 기능까지 두루 갖춘 덕분에 전 세계적인 베스트셀러 휴대전화로 부상하면서 명실상부한 명품으로 자리 잡아가고 있다.

프랑스의 패션 전문지 스터프(Stuff)는 특히 블루블랙폰을 아름

답고 세련된 검은 드레스를 걸친 완벽한 몸매를 연상시키는 휴대폰이라고 격찬했고, 영국과 덴마크 소비자 단체가 실시한 평가를 보면 블루블랙폰은 전 세계 19개의 휴대폰 모델 가운데 1위를 차지했다.

삼성이 이렇게 디자인으로 전 세계적인 명품 대접을 받기 시작한 것은 1996년 이건희 회장이 신년사에서 디자인 혁명을 선언한 후의 일이다.

이건희 회장은 1996년 당시 신년사에서 이렇게 선언했다.

"기업 디자인은 상품의 겉모습을 꾸미고 치장하는 것에서 한 걸음 더 나아가 기업의 철학과 문화를 담아야 한다. 기업 경쟁력 또한 가격과 품질의 시대를 거쳐 21세기는 디자인 경쟁력이 기업 경영의 승부처가 될 것이다."

삼성이 디자인의 중요성을 제대로 인식하게 된 것은 앞서 살펴본 대로 1993년 신경영 당시 일본인 디자인 고문이었던 후쿠다 타미오가 제출한 후쿠다 보고서 때문이었다. 삼성 디자인의 문제점을 낱낱이 지적한 그 보고서는 삼성이 디자인 개혁을 이루지 않으면 삼성의 성장은 있을 수 없다고 단언하고 있었다.

이 지적은 이건희 회장의 심중을 흔들었고, 훗날 신경영 선언이라고 불리게 되는 프랑크푸르트 선언을 이끌어 냈으며, 오늘날 삼성의 디자인을 다시 태어나게 하는 촉매제의 역할을 했다. 신경영은 삼성전자의 소프트 경쟁력을 키웠고, 디자인 혁명을 낳았다.

 이건희, 21세기 신경영 노트

디자인 혁명 선언 이후, 삼성은 글로벌 디자인 거점을 일본, 미국, 독일, 이태리, 영국, 중국 등 6개 지역으로 확대하고, 현지 지향형 디자인을 개발하는 글로벌 디자인체제를 구축했다. 그리고 국내에서는 디자인 뱅크 시스템을 가동하기 시작했다. 디자인 뱅크 시스템이란 제품을 설계하기 전에 디자인을 먼저 해서 거기에 맞춰 설계에 들어가는 디자인 우선의 혁신적인 제도로 미래에 유행할 디자인을 먼저 개발해 놓고 시기에 맞춰 이를 제품화하는 시스템이다. 이렇게 해서 만들어진 제품들은 해마다 그래픽, 패션, 제품디자인 등 다양한 부문에서 디자인 수준을 높여 가기 시작했다.

특히 삼성전자는 2001년부터 디자인 경영센터를 설립하고 약 500여 명의 인력이 디자인 전략팀과 디자인 연구소 2개 팀으로 나뉘어 연구에 몰입해 왔다. 그리고 윤종용 부회장을 위원장으로 하는 디자인 위원회를 설치해서 CDO(Chief Design Officer) 제도를 운영하는 등 디자인 경영에 총력을 기울이고 있다.

그 결과 삼성은 지난 5년 간 세계 양대 디자인상으로 불리는 미국의 IDEA상(Industrial Design Excellence Award)과 Cebit iF 디자인 상을 비롯해서 레드닷 디자인상(Red Dot Design Awards), 일본 G-Mark상 등 세계적인 디자인 평가기관의 디자인상을 100회 이상 수상하며 디자인에서도 전 세계 기업 중 최고의 위치에 올라섰다.

이런 실적은 경영면에서도 주목받아 미국의 유력 경제 월간지 〈Fast Company〉는 2004년 5월호에서 이건희 회장을 「디자인 대가 20인(Masters of Design 20)」에 선정한 바 있으며, 또 그 해 11월에 홍콩 디자인 센터와 산업기술통상부가 공동주최하는 디자인 경영자상(Design Leadership Award)의 초대수상자로 이건희 회장이 선정되기도 했다.

| 제2의 디자인 혁명 |

2005년 4월 13일, 삼성은 디자인 혁명선언 10년을 맞아 이탈리아 밀라노에서 사장단 회의를 열고 제2의 디자인 혁명을 선언했다. 삼성이 밀라노에서 제2의 디자인 혁명을 선언한 것은 여러 가지로 의미가 있다.

오늘날 밀라노는 파리와 뉴욕과 더불어 세계의 패션산업을 선도하고 있는 도시이지만 가구와 조명 분야에서도 세계의 유행을 선도하고 있는 이탈리아 예술의 중심지이다. 마침 삼성은 디자인 경쟁력을 더욱 강화하기 위한 목적으로 밀라노 디자인 센터의 문을 열게 된 것이다. 삼성의 밀라노 디자인 센터는 미국의 LA, 샌프란시스코 디자인 센터, 일본의 도쿄, 영국의 런던, 중국의 상하이에 이은 여섯 번째 디자인 센터이다.

밀라노 디자인센터 개소식에 참가한 이건희 회장은 이날 오후 5시 밀라노 시내 포시즌(Four Seasons) 호텔 지하 1층 대회의실에서 사장단이 참석한 가운데 전략회의를 시작했다.

저녁을 겸해서 시작된 회의는 거의 쉬지 않고 밤 11시까지 6시간의 마라톤 회의가 되었다. 이날 회의는 단순한 회의가 아니라 삼성전자의 가전부문 주요제품과 글로벌 외국기업들의 제품에 대한 비교전시회를 겸한 것이었다.

이건희, 21세기 신경영 노트

400여 평 규모의 대회의실에는 소니, 샤프, 파나소닉, 밀레, 필립스, 톰슨 등 세계일류의 선진제품과 삼성의 주요제품, 미국의 아이디어상 등 세계적인 디자인상을 수상한 LCD TV, 휴대폰, 디지털카메라, PC, MP3 등 약 200여 개의 제품들이 전시되어 있었다. 이 회의는 삼성 사장단이 삼성제품과 세계적인 명품의 비교 품평을 통해 삼성제품의 디자인에 대한 문제점을 파악하고, 이건희 회장과 함께 디자인 경쟁력 마련 방안을 도출하는 방식으로 진행되었다.

이 자리에서 이건희 회장은 디자인 혁명 선언 10년 동안 삼성이 많은 발전을 해온 것은 사실이지만 아직도 선진기업에 비하면 모든 면에서 만족스럽지 못한 것이 많다는 것을 새삼 강조했다.

"삼성의 디자인 기술은 아직 부족하다. 애니콜만 빼면 나머지는 모두 1.5류이다. 이제부터 경영의 핵심은 품질이 아니라 디자인이다. 최고경영진에서부터 현장사원에 이르기까지 디자인의 의미와 중요성을 새롭게 재인식하여 삼성제품을 세계적인 명품 수준으로 만들어야 한다."

이 자리에서 삼성전자 CDO를 맡고 있는 디지털미디어 총괄 최지성 사장은 '1996년 디자인 혁명 선언을 계기로 디자인 인력을 400% 이상 보강했으며, 벤츠폰(SGH-E700)과 프로젝션 TV(DLP TV L7) 등에서 혁신적 디자인을 선보이는 등 나름대로 성과가 있었으나, 이제는 세계 일류로 인정받는 명품으로 올라가야 한다'면서 이번에 확정되는 4대 전략을 강력히 추진해 삼성만의 독창적 아이덴티티를 확립하고, 이를 위한 스타급 핵심 디자이너 확보에 전력해 나가겠다는 의지를 밝혔다.

삼성전자 이기태, 이현봉 사장 등 계열사 사장들은 자신이 경영 책임을 맡고 있는 각 사의 디자인 경영의 현 상황을 설명하고 나름대로 프리미엄 브랜드 육성을 위한 전략도 발표했다. 이번 회의에서는 삼성전자의 디지털미디어, 휴대폰, 생활가전 등의 차별화 전략과 프리미엄 브랜드인 명품시장이 정착돼 있는 패션부문 경쟁력 강화를 위해 디자인 강화 방안도 집중 논의됐다.

"국민소득 2만 달러에 도달하려면 디자인 관련 분야에서 100점짜리 지식을 갖추어야 한다. 스탠드 얼론(stand alone), 즉 개별 제품의 디자인 이미지 구축은 성공했다. 하지만 모든 전자제품이 복합화가 진행되는 만큼 토털 디자인 역량 강화에 집중해야 한다. 디자인 개혁 없이는 국민소득 2만 달러 달성이 힘들 것이다. 그 동안 우수한 제품을 개발, 제품 경쟁력만으로 국민소득 1만 달러에 도달했다면 앞으로는 삼성이 디자인 경쟁력을 선도해서 2만 달러 시대를 열어야 한다."

이건희 회장은 이렇게 말하며 이날의 디자인 전략회의 결론 부분에서 제2의 디자인 혁명을 선언했다. 이 자리에서 삼성 사장단은 이른바 월드 프리미엄 브랜드 육성 계획을 확정하고, 디자인 역량 강화를 위한 밀라노 4대 디자인 전략을 추진한다고 발표했다. 삼성이 이 회의에서 확정한 월드 프리미엄 브랜드 육성 계획에 따라 추진하게 되는 밀라노 4대 디자인 전략은 다음과 같다.

첫째, 독창적 디자인의 아이덴티티 구축

- 누가 언제 어디서 봐도 한눈에 삼성 제품임을 알 수 있도록 삼성 고유의 철학과 혼을 반영, 아이덴티티를 담은 독창적 디자인과 UI(User Interface, 제품 사용이 용이하도록 제품 모양이나 재질, 버튼을 배치하는 것을 통칭하는 말) 체계를 구축할 것.

둘째, 디자인 우수 인력 확보

- 세계 최고의 디자인은 천재급의 디자이너가 만들어 낸다. 이태리의 특급 디자이너의 말 한마디가 세계 패션 디자인을 주도하는 것처럼 소프트 경쟁 시대에는 인재가 곧 경쟁력인 만큼 국적, 나이, 성별 등을 가리지 말고 디자인 트렌드를 주도할 천재급 인력 확보와 기존 디자인 인력들의 역량을 체계적으로 강화할 것.

셋째, 창조적이고 자유로운 조직문화 조성

- 실제로 세계 디자인 트렌드를 추구하는 디자이너들은 천재적인 창의성을 가지고 있다. 삼성제품이 그러한 세계 초일류 디자인을 가진 제품을 생산하기 위해서는 자유롭고 유연한 조직문화가 형성되어야 창조성과 독창성이 나올 수 있다고 본다.
천재급 인력을 유치하고 육성하기 위한 자유롭고 유연한 조직문화와 창조성과 독창성이 존중받는 분위기와 지원 시스템을 조성할 것.

넷째, 금형기술 인프라 강화(핵심기술의 보유)

- 디자이너가 디자인한 제품이 실제로 생산되기 위해서는 금형기술이 받쳐주어야 하므로 금형기술 인프라 강화도 필수 조건이다. 제품 디자인 차별화의 기본요소로 금형기술 인프라를 강화하고, 협력업체와 유기적으로 연결할 것.

　이것은 앞으로 단순 일류가 아닌 월드 프리미엄 브랜드로 거듭나기 위해 새로운 도약과 의식전환을 추진하겠다는 의지를 표명한 것이다. 다음과 같은 이건희 회장의 디자인관은 삼성의 디자인 흐름에 대해 알게 해 주는 말이기도 하다.

　"요즈음에는 기획력과 기술력이 아무리 뛰어나도 디자인이 약하면 다른 요소까지 그 힘을 발휘할 수 없고, 결국 경쟁이 불가능해진다. 더구나 앞으로 다품종 소량 생산 체제가 진전되면 고객들이 원하는 대로 하나하나 다른 제품을 만들어 제공해야 하는 시대가 된다. 그런데 지금 우리 상품을 보면 한결같이 디자인 마인드가 있는지 의구심을 갖게 된다.

　아직도 우리는 디자인이란, 제품을 기술적으로 완성한 뒤 거기에 첨가하는 미적 요소 정도로 여기고 있다. 골프를 쳐본 적도 없고 골프장에 가본 적도 없는 사람들이 골프웨어, 골프용품을 디자인하고 있는 실정이다. 그렇다 보니 삼성은 물론 대부분 기업들의 상품 디자인에서 통일된 이미지를 찾을 수 없다.

　반면에 자동차의 벤츠, 전자의 소니 등은 멀리서도 알아 볼 수

이건희, 21세기 신경영 노트

있을 정도로 독특한 이미지를 갖고 있다. 우리 제품이 해외시장에 나가 일본 제품과 상대하다 보면 꼭 마무리(finish touch)가 부족해서 문제가 되곤 했었다. 그런데 지금은 마무리뿐만 아니라 외관도 문제가 되고 있다. 우리 제품의 외관이 선진 제품보다 뒤지는 탓에 국내외 시장에서 고객에게 외면당하고 제 값을 못 받고 있다.

한국의 문화를 담고 자기 회사의 철학이 반영된 디자인 개념을 정립하는 작업을 그야말로 혁명적으로 추진해 나아가야 한다. 그렇지 않으면 더욱 치열해지는 경제 전쟁에서 배겨날 수 없다. 그러기 위해서 경영자는 젊은이들과 자주 대화하고, TV 인기 드라마도 보면서 유행을 알고 디자인 감각을 키워야 한다. 또 개별 제품의 디자인에 대해서는 전문가 의견을 존중해 섣불리 간섭하지 말아야 한다. 10대들이 쓸 상품 디자인을 50대 경영자가 결정하는 경우가 있는데, 이는 자칫 선무당이 사람 잡는 결과를 가져 온다."

4. 선택과 통합

| 삼성의 종합화 전략 |

양에서 질로 전환한 삼성경영은 선택과 집중이란 말로 흔히 표현되곤 한다. 그러나 삼성이 노리기 시작한 경영 포인트는 반도체, LCD, 휴대폰 등으로 집중화된 생산능력을 퓨전화 시키는 방향으로 모아졌다. 이른바 디지털 컨버전스 시대를 맞이해서는 제품의 퓨전화, 경영의 퓨전화가 시대적 요청이 된 것이다.

이것은 한마디로 제품의 종합화 전략을 부르는 것으로서 선택과 종합이 새로운 경영 마인드를 구축하는 것을 의미한다. 일찍이 이건희 회장은 1992년 경영자대상 수상기념 강연에서 이런 말을 한 적이 있다.

"현재 미국과 일본에서 대형적자를 내는 기업은 대부분 도요타, IBM, 마쓰시타와 같이 일반적으로 단일 업종으로 나타나고 있습니다. 그러나 GE와 같이 기계, 전자, 가전, 반도체, 토목, 미사일이 다 합쳐져 있는 기업이야말로 융통성과 경쟁력을 가지게 됩니다.
따라서 문어발식 경영이라는 편견은 어느 정도 수정되어야 한다고 봅니다. 자동차는 전자로 넘어가고 중공업도 모든 게 자동화 되어야 하니 전자와 합쳐져야 하는 등 업의 개념이 없어질 가능성이 있습니다. 이렇게 되면 단순 업종만 영위하는 기업은 이러한 업의 개념변화에 적절히 대응하지 못하고, 앞으로 점점 더 경쟁력이 저하될 수 있습니다."

당시 그가 이런 말을 한 것은 국내에서 재벌들의 문어발식 경영을 비난하는 소리가 높았기 때문이기도 한데, 그때 이미 이건희 회장은 퓨전경영에 대한 마인드를 정립하고 있었던 듯하다.
20세기 산업화 사회가 시스템의 시대였다면 21세기 정보화 사회는 네트워크의 시대다. 이 네트워크의 기반은 디지털기술인데, IT산업 분야에서 앞으로 펼쳐질 새로운 세계는 지금까지 우리가 이룩한 것과는 비교가 되지 않는 세상을 만들어낼 것이다. 과거 10여

년간 IT산업을 이끌어온 것이 컴퓨터, 인터넷과 같은 단일기술이었다면 이제는 브로드밴드(Broadband : 광대역 네트워크)를 기반으로 한 통신, 방송, 정보의 융합기술이 될 것이다.

21세기가 5년가량 진행된 2006년 현재, 산업 간의 컨버전스로 기술적 경계가 무너지는 상황이 벌어지고 있다는 것을 생각하면 앞으로 어떤 제품이 우리의 일상을 지배하리라는 것도 쉽게 알 수 있을 듯하다.

현재 삼성의 주력산업은 대부분 세계 수준의 기술력을 보유하고 있다. 따라서 개별 업종별로 제 살길을 찾으려 하기 보다는 업종간 협력을 통해 시너지를 높이거나 새로운 부가가치를 만들어 내는 게 효과적이라는 전망이 가능하다. 이처럼 삼성 계열사들이 모두 장밋빛 미래사업 전략을 펼치고 있는 것은 그간의 경영 실적이 탁월한 성과를 거둔 때문이다.

삼성은 지난 10여년 간 신경영을 하면서 선택과 집중에 전념했지만 결과적으로 선택과 통합에 더 큰 성공을 거두고 있는 셈이다.

선택과 집중에 성공한 기업으로는 세계 제일의 이동통신업체인 노키아를 들 수 있다. 1865년 제지업으로 출발한 노키아는 140년에 달하는 오랜 역사를 자랑하지만, 글로벌 기업으로 부상한 것은 불과 20여 년에 지나지 않는다.

고무, 전선, 화학 등 다양한 분야로 확대성장을 지향하던 노키아는 1980년대 말 핀란드의 금융위기로 인해 몰락할지도 모르는 처지에 몰렸다. 당시 노키아 사장이었던 카리 카이라모가 갑자기 사망하자, 경영실패의 죄책감을 이기지 못해 자살했다는 소문이 나

돌 정도였다.

이런 노키아를 수렁에서 건진 것이 바로 선택과 집중을 통한 경영혁신이었다. 1992년 노키아 CEO로 취임한 욜마 오릴라는 취임과 동시에 업계 1위가 아니거나 1위가 될 가능성이 없는 사업은 과감하게 정리할 것을 선언했다. 노키아는 제지업으로 출발해서 고무, 펄프, 타이어, 가전제품, 컴퓨터를 생산하는 업체였다. 욜마 오릴라는 이 회사의 모체이자 근간이 되어온 펄프사업을 비롯한 1위를 차지할 수 없다고 생각되는 모든 분야를 매각 처리하는 강력한 선택과 집중 전략을 추진했다.

그는 1988년 당시 매출 비중이 10% 정도에 불과했던 이동통신을 미래사업으로 채택하고 이동통신 단말기와 정보통신 인프라 부문만을 가지고 사활을 건 항해를 시작했다. 이후 노키아는 세계 최고의 이동통신 제품을 만들기 위해 매년 매출의 8~9% 이상을 연구개발(R&D)에 쏟아 부으며 전사적 힘을 기울였고, 그것을 기본적인 기업정신으로 내세웠다.

노키아는 핀란드, 미국, 중국 등 14개국에 52개의 R&D센터를 설치하고 전 직원의 30%에 해당하는 1만 7,000명을 연구부문에 할당했다. 그 결과 노키아는 품질과 서비스 면에서 전 세계인에게 인정을 받게 되었고, 전 세계 휴대폰 시장의 35% 이상을 차지하는 세계 최강의 기업이 되었다. 노키아는 선택과 집중 전략을 통해 기업이 어떻게 세계시장에서 살아남는가를 보여준 모범사례라고 할 수 있다.

그러나 삼성은 업종 전문화만이 최선은 아니라는 종합화 전략을 펴고 있다. 무조건적인 긴축, 감량경영보다는 사업의 다각화가 오히려 조직의 역동성을 키워 주고 더 높은 성장과 부가가치를 올리는 경우가 많기 때문이다.

요즘 삼성전자에는 전략적 제휴를 맺으려는 세계적인 기업들이 줄을 서고 있다. 마이크로소프트, IBM, 휴렛팩커드는 물론 소니, 도시바 등 일본의 유수 기업들까지도 삼성과의 제휴를 시도하고 있다. 그것은 삼성과는 토털 솔루션이 가능하기 때문이다.

앞으로는 많은 전자제품과 기기들이 퓨전화되거나 여러 기술이 융합되는 것이 일반적 추세일 것이므로 그것에 대한 기술과 시장을 모두 보유한 삼성 같은 회사의 가치가 높아지기 때문이다.

이를테면 마이크로소프트는 홈 네트워크, 오피스 네트워크와 관련된 세계표준시장을 장악하기 위해 여러 기업과의 제휴를 모색하고 있다. 그런데 삼성은 반도체 칩, LCD 패널, 가전제품 등을 일괄해서 직접 만들고 있으므로 마이크로소프트의 입장에서 보면 매우 편리한 상대라고 할 수 있다.

많은 전문가들은 삼성이 이러한 장점을 지니고 있기 때문에 소니를 제칠 수 있었고, 2010년쯤에는 인텔이나 노키아 등의 기업을 이길 수 있을 것이라는 전망을 내놓고 있다.

퓨전, 컨버전스 등은 이미 새로운 개념이 아니다. 소비자 요구의 세분화 · 고도화 · 추상화에 대응해 나타나기 시작한 기술의 융합은 정보기술의 발전에 따라 더욱 고도화되어 이제 융합 비즈니스가 21세기의 주류를 이룰 것이라는 데는 아무도 이의를 달지 않는다. 퓨전은 이제 영역과 국적을 넘나드는 경영활동을 상징하는 키워드로까지 발전했고, 제품과 기술, 서비스 등에서는 퓨전화가 이미 대세라 할 수 있다.

　디지털 기기와 광대역 네트워크가 결합하여 음성·데이터, 통신·방송, 유·무선 간의 통합, 융합화가 빠르게 진전되고 디지털 융합은 산업간의 경계를 넘어 텔레매틱스, 홈 네트워크, 전자금융과 같이 지금까지는 볼 수 없었던 새로운 개념의 제품군을 만들어내고 있다.

　예를 들어 디지털기술의 발전이 휴대폰을 디지털 카메라, MP3, TV폰, 캠코더, 와이브로(휴대인터넷), 모바일 금융, 모바일 음악 등과 같이 복합된 제품으로 변신시켜서 거둔 엄청난 성공은 앞으로 10년 간 기업들이 나아갈 길을 시사하고 있고, 디지털 융합 시대를 주도하는 초일류기업으로 도약하는 전기를 마련했다.

　삼성은 앞으로 디지털 융합 시대에 대응하는 차세대 신규 사업의 조기일류화를 달성하기 위해 초일류 세트기술과 첨단 반도체기술을 가미해 시장을 점차 확대해 갈 것이다. 2차 전지사업·유기EL 등 차세대 핵심품목을 조기에 일등 상품으로 올려놓고, 나노·미세전자기계 시스템 등 미래 기반기술을 축적하고, 미래기술 선점에 박차를 가해 하드웨어 분야의 경쟁력을 높여 나가는 한편, 디지털기술의 융합에 의한 유비쿼터스(Ubiquitous) 시대를 여는 초일류기업으로 거듭난다는 것이 삼성의 21세기 로드맵이다.

　앞으로의 세상은 디지털 컨버전스를 통해 디지털화가 가능한 기능요소들은 하나의 단말기로 합쳐질 것이다. 이렇게 복합화된 기기들은 하나의 네트워크로 연결되어 물리적으로는 각각의 기기지만 기능적으로는 전 세계에 거대한 하나의 기기가 존재하는 것처럼 작동될 것으로 예상된다.

예를 들어 2005년 초, 삼성전자가 개발했다고 발표한 고성능 디지털 TV 수신칩 개발의 경우 전 세계적인 디지털 방송의 확대와 디지털 TV의 보급에 발맞추어 삼성전자를 디지털 TV 분야의 토털 솔루션 업체로 자리매김하게 만들어 주는 제품이다. 이 사업은 디지털 융합 시대를 열 것이며, 삼성전자는 초일류 세트기술과 첨단 반도체기술을 가미하여 시장을 점차 확대해 나갈 것이다.

실제로 삼성전자는 내부적으로도 현재 디지털 미디어산업은 디지털 컨버전스가 가속화되는 가운데 앞으로 수년 내 브로드밴드, 유비쿼터스 컴퓨팅 시대가 현실화되는 대변혁의 여명기에 있다는 인식하에 디지털 컨버전스를 화두로 다양한 연구를 진행하고 있다. 차세대 가전시장을 선도할 홈 네트워크 시스템은 TV, 오디오, PC 등 AV 가전은 물론 냉장고, 에어컨, 세탁기 등 생활가전이 모두 하나의 시스템으로 연결될 것이다.

삼성전자 정보통신총괄 이기태 사장은 앞으로의 세상을 이렇게 단 한마디로 예견하고 있다.

"훗날 모든 정보기기는 휴대폰에 통합될 것이다!"

| 세계적인 기업과의 전략적 제휴 |
삼성전자는 앞으로 다가올 유비쿼터스 혁명과 홈 네트워크·오

피스 네트워크 시대를 맞아 디지털 컨버전스를 활성화하고 연구개발 시너지를 향상시키기 위해 2004년부터 전사(全社) CTO(Chief Technology Officer : 최고기술경영자)를 두고 기술총괄을 신설해 기술 중심의 경영을 해나간다는 강한 의지를 천명했다.

이 기술총괄은 디지털 컨버전스 혁명을 선도하는 기술 삼성의 면모를 한층 강화하면서 미래성장엔진에 필요한 핵심기술의 체계적인 확보와 핵심생산기술의 선행 개발을 통해 제품의 초일류화를 앞당기기 위한 전사 기술 부문의 컨트롤 타워이다. 기술총괄은 전사 차원에서 개발방향을 제시하고, 유망 성장분야에 대한 연구개발을 추진해 R&D를 차세대 성장 동력으로 이끌고 있다.

기술총괄은 시스템 연구소와 메카트로닉스 연구소, 그리고 2개의 기능 스태프로 구성되어 있다. 시스템 연구소는 전사 연구개발 부문의 시너지를 향상시키고 개발효율을 높이는 한편, 전사 시스템 아키텍처를 구축하고 있다. 메카트로닉스 연구소는 삼성전자의 각 사업 부문이 세계 1위의 제품을 생산하는 데 필요한 핵심생산기술을 선행 연구개발하고 있는데, 주요 연구 분야로는 초정밀 메카트로닉스 기술, 박막 기술, 로봇설계 기술, 검사 기술, 제어 기술, 설비·라인 운영 및 모니터링 S/W 기술, 제조현장 최적화 설계 기술 등이 있다.

삼성은 이러한 기술력을 바탕으로 도시바, IBM사 등 세계적인 기업들과 연이어 전략적 제휴를 성사시키고 있는데, 그 중에서 가장 기대가 큰 것은 5~10년 후의 캐시 카우로 홈 네트워킹, 오피스 네트워킹 중심의 디지털 가전시장을 선점하기 위한 마이크로소프트와의 제휴이다.

세계 최대의 소프트웨어업체인 마이크로소프트는 최근 차세대 사업으로 급부상하고 있는 홈 네트워크 사업의 파트너로 삼성을 선정함으로써 삼성의 앞선 기술력이 또 한 번 세계적으로 주목받게 되었고, 삼성은 마이크로소프트와 손잡음으로써 토털 가전, 토털 네트워크 부문인 홈 네트워크, 오피스 네트워크 부문에서 또 한 번 일대 약진의 기회를 맞을 것으로 보인다.

삼성과 마이크로소프트 양사는 홈 네트워킹, 오피스 네트워킹 제품들이야말로 디지털 컨버전스 기술이 총망라되는 새로운 제품군이 될 것이라는 전망 아래 서로가 가진 최대의 장점인 하드웨어와 소프트웨어를 결합한 것이다. 이는 산업화 이래 인류의 삶을 지탱해온 제품들의 개념을 송두리째 바꾸는 신산업을 일으킬 만큼 큰 영향력을 끼치리라는 전망이 나올 정도로 제2의 성장 모멘텀의 형성이라는 평가를 받고 있다.

빌 게이츠 회장은 소니나 필립스 등 세계적 전자업체들을 제치고 삼성전자와 제휴를 맺은 데 대해서 삼성은 제품이나 사업이 다양하고 강한 회사이기 때문에 우리는 제휴선을 잘 고른 것으로 믿는다고 말했다.

이제 삼성은 차세대 사업인 홈 네트워크, 가정용 로봇사업 등에서 일본 기업들과 불꽃 튀는 경쟁을 벌이게 될 것이다.

신사유람단과 장보고

최근 국제화를 준비하는 사람은 많지만 성공적인 국제화를 위해서는 사람의 인식이 바뀌어야 하고 행동도 바뀌어야 한다. 바깥세상은 계속 변화하고 있는데 아직도 나는 국내에서는 최고라는 자만에 빠져 있어서는 안 된다. 특정 지역에 국한되는 국내용 관리자에서 벗어나 전 세계를 호령할 수 있는 글로벌 전략가로 다시 태어나야 한다.

그러기 위해서는 의식의 국제화가 선행되어야 한다. 남을 거부하고 내 것만 지키려는 폐쇄적 자세로는 다른 문화를 포용할 수 없다. 의식적 타성을 타파하고 마음의 창을 활짝 열어야 하며 국제사회에서 통용되는 에티켓도 겸비해야 한다. 한국에서는 한국식 예의범절만 지켜도 되지만 국제적인 에티켓도 몸에 배어 있어야 국제적인 문화인이 될 수 있다.

물론 외국어 능력은 기본이다. 스위스나 독일 같이 잘 사는 나라에서는 대부분의 국민이 2, 3개 외국어를 구사한다. 글로벌 전략가가 되기 위해서는 한국에서 태어났더라도 2개 정도의 외국어는 구사할 수 있어야 한다. 무한경쟁에 접어든 오늘날 기업 차원에서는 글로벌 전략가를 조기에 육성, 확보하는 일이 시급하다. 국내시장에만 안주해 있는 국내용 관리자를 글로벌 전략가로 키우기 위해서는 이들을 해외로 내보내 현지 역사와 문화, 풍습을 직접 익히게 하거나, 국내 부서에 외국인을 채용하여 이들을 통해 국제적 감각을 높일 수 있도록 해야 한다.

100년 전 신사유람단을 해외에 파견했던 심정으로 국내용 관리자를 조속히 해외에 보내 글로벌 전략가로 육성하는 것은 생존을 위한 기업의 기본적 책무이다. 국제화를 갈구하는 심정 못지않게 우리에게 가장 필요한 것이 장보고(張保皐)와 같은 개척정신과 활동력이다.

　　장보고는 신라시대에 당나라에 건너가 그 나라의 무령군소장(武寧君少將)에까지 오른 장수가 되었다. 하지만 해적에게 붙잡혀 노예 생활을 하는 동포들의 참상에 분개한 나머지 고국으로 돌아와 지금의 완도에 청해진(淸海鎭)이라는 해군 진영을 설치했다. 그때부터 동남아 일대의 해적을 소탕하고 군사적으로 해상권을 장악했다. 그리고 우리 상품을 중국과 일본에 수출하고 중국과 일본상품을 운송·중개했다.

　　그의 지도력으로 이루어진 국제 해운과 삼각무역은 오늘날의 무역에 비하더라도 전혀 손색이 없다. 그는 신라 번영에 크게 이바지했다. 장보고와 청해진의 명성은 오늘날 스페인, 포르투갈에서도 찾아 볼 수 있다. 그의 활약에서 보듯이 우리 민족은 지구상의 그 어떤 민족보다 우수했고, 국제적 감각 또한 탁월했다. 이런 우수한 민족이 어쩌다 우물 안 개구리가 되었고, 끝내 나라까지 두 동강으로 쪼개져 버리고 말았는지 안타깝기 그지없다.

　　오늘의 경제 전쟁에서 우리의 위치는 1,000년 전 청해진을 세울 때와 비슷하다. 이러한 때에 민족적 자부심으로 힘을 합해 제2의 청해진을 세울 수 있도록 노력해야 하지 않을까?

이건희 회장 에세이 『생각 좀 하며 세상을 보자』에서

1. 고객이 먼저다

| 고객중심의 경영 |

고객만족 경영!

이 말은 1980년대만 해도 우리 기업들에게는 매우 생소한 개념이었다. 20세기 후반, 역사의 질곡을 디디고 뒤늦게 산업화에 뛰어든 이 땅의 기업들은 물자 조달이 어렵던 시절이라 소비자의 의견따위는 안중에도 없이 물건을 만들기에만 바빴다. 그래도 사람들은 군말 없이 그 물건을 사서 썼고, 기업들은 돈을 벌 수 있었다.

그러나 이제 모든 것이 바뀌었다. 국내외를 막론하고 물건을 만들기만 하면 팔리던 고도성장의 시대가 지나간 것이다. 소비자는 자기가 필요한 물건만 골라서 살 수 있는 권리를 획득했고, 기업들

이건희, 21세기 신경영 노트

은 소비자에게 선택되는 제품을 만들기 위해 치열하게 경쟁하기 시작했다. 더구나 WTO 체제에 따른 개방화의 물결은 최고의 품질과 서비스, 합리적인 가격을 갖춘 초국적기업들과 경쟁할 수밖에 없는 상황을 조성했다.

특히 인터넷이 전 세계적으로 대중화되기 시작한 21세기에 이르러 소비자들의 정보 교환 속도가 상상할 수 없을 정도로 빨라지게 되자 소비자의 소비 행태도 급격한 변화를 보이고 있다, 소비자들은 국내의 한정된 제품 정보를 넘어서서 지구촌 구석구석을 뒤져 상품과 기업에 대한 정보를 갖게 되었고, 이를 비교분석하는 능력마저 갖추게 되었다.

소비자는 이제 안방에서 단 한 번의 마우스 클릭으로 전 세계에 널려 있는 상품을 선택할 수 있게 되었다. 특히 동호회나 가격 비교 사이트 등을 통해 많은 고객들이 특정 제품에 대해 거의 마니아 수준에 이르고, 품질과 가격에 대한 독자적인 식견을 가지게 되었다. 이에 따라 메이커들은 그에 상응하는 고객 서비스를 하지 않으면 생존할 수 없는 시대가 된 것이다.

이른바 정보통신 혁명으로 불리는 IT 혁명은 지식정보화 사회의 문을 활짝 열었고, 소비자들을 세계화시켰으며 능동적인 존재로 만들었다. 여기에는 소비자 단체 등 NGO들의 세계적인 네트워킹도 큰 기여를 하고 있다.

이처럼 고객 취향이 세분화되고 한 단계 높은 품질과 서비스에 대한 욕구가 점점 더 강해짐에 따라 기업은 고객의 개념을 바꾸게 되었다. 아무리 좋은 제품과 신기술을 가지고 있더라도 이제는 고객이 외면하면 망할 수밖에 없는 현실이 된 것이다. 실제로 뛰어난 품질의 제품을 만들어 놓고도 소비자의 니즈(Needs)에 부응하지 못해 망해 나가는 기업이 부지기수인 것이다.

고객은 어떤 의미에서는 상품 자체를 원하는 것이 아니라 그 상품을 통해 자신이 기대했던 욕구를 충족시킨다. 따라서 우수한 기업은 가격으로 경쟁하는 것이 아니라 서비스의 우수성으로 고객의 마음을 사로잡는다고 할 수 있다. 소비자들은 자신들이 사용하는 제품이 자신을 만족시키는 것은 물론 자연보존적·친환경적인 제품이기를 원하게 되었고, 기업의 비윤리적 활동에 대해서도 민감한 반응을 나타내고 있다.

| 고객의 개념을 바꾸자! |

"회장 앞에서는 담배를 피워도 좋지만 고객 앞에서는 절대 피우지 말라!"

이건희 회장은 이렇게 말함으로써 고객을 존중하고, 고객을 두려워하고, 고객의 의견을 경청하는 삼성문화를 외쳤다. 그는 이를 통해 고객만족은 하면 좋은 것이 아니고, 안 하면 망한다는 철학을 삼성인에게 심어 주었다.

그래서 삼성은 CSI(고객기대지수) 조사를 1년에 한 번씩 실시한다. 조사항목에는 계열사 사장들에 대한 고객들의 의견을 듣는 항

이건희, 21세기 신경영 노트

목이 있는데, 그 평가점수에 따라 사장들에 대한 평점이 달라지므로 각 계열사의 사장들은 고객만족, 고객존중에 대해서 신경을 쓰지 않을 수 없다. 예전에는 비서실에서 매출실적이나 이익 등을 따지며 그것을 우선순위로 삼아 평가 작업을 했지만, 지금은 고객평점이 가장 우선순위에 올라 있는 실정이다.

삼성은 1등 기업은 철저하게 시장에서 평가되어진다는 시장 원칙에 입각해 고객중심 경영을 실천하고 있고, 앞으로 휴대폰으로 인간의 모든 서비스를 처리하게 한다는 전략을 세워 놓고 있다. 여기서 분명한 것은 고객은 항상 궁극적인 기업의 존재 이유라는 점이다. 이에 대해서 이건희 회장은 이렇게 말하고 있다.

"정치인은 주기적으로 투표를 통해 심판을 받지만, 기업은 시장에서 매일매일 끊임없이 고객의 심판을 받는다. 한 번 등 돌린 고객은 그 한 사람으로 끝나지 않는다. 고객만족은 하면 좋은 것이 아니라 안 하면 망하는 것이다."

2. 글로벌 리더십

| 올림픽 마케팅 |

일찍이 캐나다의 문화사학자 마샬 맥루한(Marshall Mcluhan)은 통신의 발달로 지구상의 모든 사람이 한 마을의 일원이라는 의식을 가지게 될 것이라고 예언하며 지구촌이라는 조어를 만들어 냈다. 그 후 앨빈 토플러(Albin Toffler)는 지식정보화로 인해 일어나는 제3의 물결이 전 지구를 뒤덮을 것이며, 여기에 동참하지 못하는 국가나 개인은 낙오자가 되고 말 것이라고 말했다.

신경영 이후 삼성은 정보화 시대에 대비해 정보인프라를 갖추고, 글로벌 경영을 위해 해외투자를 늘리며 핵심역량을 중심으로 사업구조를 개편하기 시작했다. 삼성이 세계무대에서 두각을 나타내기 시작한 것은 IOC 위원인 이건희 회장이 1998년 나가노 동계올림픽 때 무선기기 분야의 공식 스폰서로 삼성전자를 끼워 넣는데 성공하고 나서부터이다.

그 후 삼성은 더욱 적극적인 스포츠 마케팅을 통해 2000년 시드니 올림픽, 2004년 아테네 올림픽의 공식후원사가 되어 올림픽을 글로벌 마케팅의 장으로 적극 활용했다. 또한 세계 유수의 언론과 뉴욕, 런던, 파리, 상하이 등 세계적인 대도시에서의 대대적인 홍보를 통해 삼성의 브랜드 가치를 높이고, 세계인의 주목을 끄는 데 성공했다.

여기에 올림픽을 글로벌 마케팅의 장으로 활용하기 위한 대대적인 합동작전이 뒤따랐다. 2004년 아테네 올림픽 공식후원사인 삼성전자의 고위임원들이 성화 봉송 주자로 대거 참가한 것이 대표적인 예라고 할 수 있다.

아테네 올림픽에서 무선통신 분야의 공식 파트너로 지정된 삼성전자는 2004년 올림픽을 치르기 위해 새로 건설된 아테네 베니젤로스 공항에서 유동인구가 가장 많은 출국장 입구에 1.8미터 높이의 애니콜 휴대폰 조형물을 설치해 세계인의 눈길을 끌었다.

 이건희, 21세기 신경영 노트

섬유강화플라스틱(FRP)으로 제작된 이 조형물은 컬러폰(T100), 인테나 카메라폰(E700)에 이어 세계적 히트가 예고되고 있는 초소형 슬라이드 카메라폰(E800) 모형이었다.

삼성전자는 이 제품을 올림픽의 상징으로 적극 홍보해서 유럽 시장에서 큰 효과를 거두었다.

그뿐만 아니라 대형 옥외광고를 비롯해 홍보관 등 다양한 현지 마케팅을 통해 세계적인 기업들과의 브랜드 각축에서 삼성 브랜드를 대대적으로 알려 나갔다. 아테네 올림픽 기간 동안 홍보팀 내 스포츠 마케팅 담당자, 무선총괄 마케팅 담당자, 구주지역 담당자, 제일기획 직원 등 400여 명의 임직원들이 현지에 파견되어 전 세계에서 몰려든 150만여 명의 방문자들에게 브랜드 마케팅을 효과적으로 진행한 것이다.

그리하여 1998년 나가노 동계올림픽 스폰서로 참여할 당시 32억 달러에 불과했던 브랜드 가치는 시드니 올림픽, 솔트레이크 동계올림픽, 아테네 올림픽을 거치는 동안 5배가량 늘어난 149억 달러를 달성해 세계 20위의 브랜드로 성장했다.

특히 공식후원사로 참여한 삼성전자 휴대폰의 경우 시드니 올림픽 당시 5.2%였던 시장점유율이 현재 12.5%까지 성장해 올림픽을 계기로 또 한 번의 큰 도약을 보여주었다.

브랜드 파워 20위의 기업

삼성은 세계 브랜드 파워 순위에서 2002년에 32위, 2003년에는

25위, 2004년에는 21위, 그리고 2005년에는 20위로 뛰어오르며 일본의 간판기업인 소니(28위)를 제치고 나섰다. 삼성의 브랜드 가치는 무려 149억 달러에 달하며 해마다 성장률 30%를 웃돌아 세계에서 가장 빠르게 성장하는 기업이라는 이미지를 구축하고 있다. 삼성이 이처럼 세계적인 브랜드 이미지를 가지게 된 것은 브랜드 가치를 높이기 위한 엄청난 노력과 막대한 자금이 투여되었기 때문이다.

삼성이라는 브랜드가 세계적인 명성을 얻게 된 데는 질 경영에 따른 기술력은 물론 디자인에 힘입은 바가 크다. 이건희 회장은 신경영을 시작하지 않았으면 삼성이 이류, 삼류로 전락하거나 망했을지도 모른다는 생각이 들어 등골이 오싹하다고 말한 적이 있다.

소비자에게 브랜드는 단순히 제품을 식별하는 이름이 아니다. 브랜드에 의존해 제품의 품질을 추정하고, 나아가 자신이 구매하는 브랜드를 본인의 이미지와 결합시키는 경향이 있는 것이다. 삼성은 그러한 소비자의 심리를 절묘하게 파악해 브랜드 이미지를 심어 나가고 있다.

2005년 1월 6일, 미국 라스베이거스에서 개막된 세계 최대 가전기기 전시회인 2005 CES(Consumer Electronics Show)는 삼성전자를 비롯한 한국 기업의 독무대였다. 삼성전자는 이 전시회에 1,000여 평에 달하는 최대 규모의 전시관을 마련해 다른 기업들을 압도하면서 세계 최대 크기의 디스플레이 제품인 102인치 PDP TV와 고화질 영상을 즐길 수 있는 6인치 지상파 DMB TV 등을 선보였다. 이로써 업계 관계자와 언론, 수많은 방문객들에게 많은 주목을 받았다. 미국 NBC 방송과 〈월스트리트 저널〉은 102인치 PDP TV를 소개하면서 삼성전자를 차세대 기술을 선도하는 기업으로 집중 조명했다.

또한 삼성전자는 동영상을 볼 수 있는 비디오 스트리밍 폰, 32인 치 슬림형 브라운관 TV, 고해상도 DVD 플레이어 등 13개 부문에 서 CES 주관단체인 CEA(미국가전협회)가 제품의 기술과 디자인 을 종합 평가해 수여하는 혁신제품상(Innovation Awards)을 수상 했다.

이 전시회에서 최지성 삼성전자 디지털미디어(DM)총괄 사장은 전 세계에서 밀려드는 취재진과 관람객들을 직접 맞으며 반도체와 휴대폰 부문에 이어 디지털 TV를 중심으로 한 디지털미디어 분야 에서도 초일류 브랜드로의 도약을 선언했다.

"일부 제품은 기술과 디자인 보호를 위해 혁신상에 공모하지 않 았습니다. 그러나 혁신상의 대거 수상은 한국 업체들이 이제는 기 술이나 디자인에서 외국보다 앞서간다는 의미입니다. 올해부터는 시장을 만들어 가는 가치창출자로서 창조적인 기업상을 만들어 갈 것입니다."

이처럼 현재 삼성을 이끌고 있는 CEO들은 급격한 변화의 시기 에 적극적으로 대응해 세계에서 가장 빠른 제품개발 주기를 만들 어 냈다. 또한 최고의 기능과 디자인으로 브랜드 가치를 높이기 위 한 마케팅을 다각도로 벌이고 있다 삼성은 2010년까지 브랜드 가치를 700억 달러로 높이고, 세계 일등 제품을 50개 이상 확보할 것과 세계에서 가장 존경받는 기업으로 성장한다는 중·장기 비전을 확정 발표했다. 제2신경영의 선포는 월드베스트 전략을 추진해 온 삼성이 초국적기업으로의 도약 의지를 밝힌 것이다.

3. 내부고객

| 구성원과의 의사소통 |

지금까지 우리나라 기업들은 기능·업무중심(Task Centered Organization)으로만 움직여 왔다. 위에서 지시를 내리면 각 부서마다 문제가 있는 줄 알면서도 작업을 진행할 수밖에 없는 구조적 모순을 안고 있었던 것이다.

그러나 이러한 톱다운 방식의 조직운용은 인터넷이 등장하면서 점차 기능을 상실해 갔다. 많은 기업들이 인터넷을 통해 고객의 소리뿐만 아니라 종업원의 소리를 듣게 되었기 때문이다. 종업원은 내부자이면서도 경영진과는 다른 시각을 가지고 있으므로 건전한 비판을 할 수 있는 입장이다. 그래서 혹자는 종업원은 제2의 고객이라는 논리를 펴기도 한다.

21세기에 들어 기업 내의 많은 의사결정이 상명하복(上命下服)식으로 이루어지는 게 아니라 사원들 스스로 결정하고 이러한 결정이 자연스럽게 위로 올라가는 식으로 바뀌었다. 이렇게 자연스러운 의사소통으로 관리자들은 사원들을 다그칠 필요가 없어졌고, 사원들이 효과적으로 업무를 진행할 수 있게 교육·자금 등을 지원해 줌으로써 사원들의 활동을 보조해 주는 역할을 하게 되었다.

이러한 환경에서 모든 조직의 부서는 자발적으로 고객만족을 위해 창조적이며 신축적으로 의사를 결정하게 되었고, 이를 통하여 고객만족과 스피드 경영은 매우 중요한 조건이 되었다. 이런 놀라운 변화는 지구촌 곳곳에서 일어나고 있으며, 기업경영의 중추적 역할을 하고 있다. 또한 기업의 경쟁력 강화와 기업 생존에 가장 중요한 요소로 인식되기 시작했다.

| 제안제도를 통한 품질관리, 내부 고객관리 |

이러한 의사소통의 가장 대표적인 예로 제안제도를 들 수 있다. 도요타 직원들은 한 해에 평균 530만 건의 아이디어를 제안한 것으로 집계되고 있다. 이는 1인당 평균 11개꼴로, 도요타의 경영철학이 뒷받침하고 있기 때문에 가능한 일일 것이다. 2001년에 도요타가 발표한 책자 『도요타 웨이』는 도요타 경영이념의 양대 축을 지혜와 개선, 인간성 존중으로 요약하고 있다.

도요타는 전후 노동쟁의와 도산위기를 겪으면서 구미업체들과 경쟁하기 위해서는 인적자원의 역량을 최대한 이끌어 낼 수밖에 없다는 결론을 내렸으며, 이것이 개선의 원점이 되었다. 도요타는 이러한 직원들의 제안을 경영에 적극적으로 반영함으로써 기업을 젊게 하고, 융통성이 큰 조직으로 변신시켜 왔다.

이러한 제안제도는 삼성에서도 실시하고 있다. 삼성이 제안제도를 처음 실시한 것은 1993년으로, 이때 제안된 내용이 77만 건이었고 실제로 업무에 적용된 비율은 35%였다. 그러던 것이 1994년에는 제안이 190만 건으로 늘어났고, 그 다음 해인 1995년에는 600만 건, 1996년에는 800만 건 하는 식으로 기하급수적으로 불어났다. 그리고 그렇게 제안된 안건에 대한 실시율이 94%나 되는 놀라운 효과를 나타냈다.

제안하는 사람에게는 상금을 주는데 재미있는 것은 그 상금의 액수가 자기 봉급 액수보다 더 많은 사람들이 많다는 것이다. 삼성은 1년에 한 번씩 제안왕을 뽑아서 제안대상을 주고 있다. 1994년에 제안대상을 받은 박성수는 중졸 학력이었지만 1년에 3,000건이나 제안을 했고, 『제안이 바꾼 나의 인생』이라는 책을 펴내기도 했다. 그는 제안대상 상금 천만 원에 1직급 승격, 가족해외여행이라는 특전도 받았다.

그 후 삼성에는 기라성 같은 제안왕들이 배출되고 있다. 그들의 제안으로 삼성은 더 많은 수확을 거둬들이고 있고, 좀 더 고객에게 가까이 다가가는 제품을 만들어 냄으로써 세계 일등기업, 초일류기업의 반열에 올라서게 되었다.

| 삼성직원들의 기발한 제안들 |

삼성직원들이 제안한 것 중에는 이런 것이 있다.

- 집에 가면 오디오 리모컨, TV 리모컨, VTR 리모컨 등 종류도

이건희, 21세기 신경영 노트

많아서 리모컨을 찾느라 한 번씩 소파 밑을 뒤졌던 경험이 있을 것이다. 거기에 삐삐를 다는 건 어떨까? 그러면 리모컨을 찾기가 얼마나 쉽겠는가?

- 냉장고는 왜 오른손으로 문을 열고 왼손으로 물건을 꺼내는가? 한국 사람들이 왼손잡이보다는 오른손잡이가 많은데 왼손으로 문을 열고 오른손으로 꺼내면 안 되겠는가?

- 더울 때 음료수 하나 빼먹으려면 가뜩이나 덥고 땀나는데 기계 앞에 절을 해가면서 물건을 꺼내야 한다. 바로 허리 정도에 떨어지게 만들 수 없는가?

바로 이런 것이 발상의 전환이다.

한 가지 예를 더 들자면 신라호텔 룸의 전화기 시스템을 바꾼 사례가 있다. 대개 호텔 룸에는 TV가 있고 그 옆에 전화가 있다. TV를 보다가 전화가 오면 TV 볼륨을 낮추든지 끄든지 해야 되기 때문에 알고 보면 아주 불편하다. 그래서 TV를 보다가 전화가 와서 전화기를 들면 자동으로 TV 볼륨이 낮아지는 장치가 만들어졌다. 이것은 세계에서 신라호텔에만 있는 시스템일 것이다.

사실 이것은 어려울 것 같지만 칩 한 개만 넣으면 되는 간단한 일이다. 즉, 기술이 문제가 아니라 발상이 문제이다. 세상에는 불편을 감수하고 전혀 문제의식을 가지지 않기 때문에 개선되지 않는 문제들이 널려 있는 것이다.

삼성은 이러한 제안제도를 통해서 기업의 운용과 제품생산, 서비스 개선을 이루어 내고 있다. 이것은 노사간 의사 소통의 새로운 장이 되고 있고, 품질 관리에도 지대한 공헌을 하고 있다. 이러한 품질 관리로 인해 고객 만족이 늘어나는 것을 우리는 품질 관리가 곧 고객 관리라는 말로 표현할 수 있을 것이다.

이러한 변화는 회사의 조직구조와 부서간 업무 협조 문제를 원활히 해결하는 동시에 고객 서비스를 지원하는 각종 시스템에 직원들이 자발적으로 나서게 하는 결과를 가져왔다.

결국 이러한 혁신은 기업과 종업원, 고객을 하나로 이어 주는 행복한 결과를 낳고 있다.

게임의 룰이 바뀌고 있다

지금 우리는 20세기의 패러다임과 21세기의 새로운 패러다임이 서로 부딪히는 전환점에 서 있다. 예측할 수 없는 난기류의 환경 변화 속에 과도기적 혼란이 가중되고 있다. 패러다임과 환경의 변화는 국가와 국가, 기업과 기업, 국가와 기업 사이 게임의 룰을 크게 바꾸고 있다.

과거에는 이데올로기에 의해 동지나 적을 구분하였지만 지금은 경제적 이해관계에 따라 국가 관계가 결정된다. WTO체제는 세계 경제에 있어서 게임의 룰이 바뀐 대표적인 케이스라고 할 수 있다. 경제 전쟁시대에 선진국이 게임의 주도권을 확보하기 위해 만든 새로운 경쟁의 법칙인 것이다.

과거에는 선진국이 후진국 또는 개도국에 한 수 접어주는 양보의 여유가 있었지만 지금은 선진국, 개도국, 후진국이 모두 똑같은 룰 밑에 대등한 입장에서 1대 1로 싸워야 하는 형편이다. UR, TR, BR, GR 등도 알고 보면 선진국의 기득권을 유지하고 경제 패권을 확보하기 위해 만든 새로운 게임 룰이다.

힘이 지금은 국가경쟁력의 개념도, 군사력, 경제력 등 특정 분야가 아닌 정부, 기업, 국민의 경쟁력을 다 합친 총체적인 경쟁력으로 바뀌고 있다. 사회주의 경제가 붕괴된 이후, 각국은 자율과 창의성이 고도로 발휘되는 효율적인 시장경제 체제를 만들기 위해 필사적으로 노력하고 있다. 자율성과 창의력 발휘가 새로운 게임의 승패를 결정하는 요인이 되고 있으며, 이를 위해 세계 각국은

규제를 없애고 민영화를 추진하는 것을 국가적 과제로 삼고 있다.

기업의 경쟁 환경도 크게 바뀌었다. 과거 고도 성장기에는 경마장의 트랙 위에서만 달리는 하네스 경주처럼 기업이 자신의 트랙에서 곁눈질하지 않고 결승점을 향해 전력 질주만 하면 우승 내지 준우승은 할 수 있었다.

그러나 세계시장이 재편되고 게임 룰이 크게 바뀌어 지금은 운동장에 선을 그어 놓고 트랙 위로만 달리는 게임은 더 이상 존재하지 않는다. 말하자면 하네스 게임에서 말을 몰고 공을 치며 이리저리 달려야 하는 폴로 게임으로 게임의 양상이 바뀌고 있다.

하네스에서는 기수의 개인기가 중요시 되었지만 폴로 게임에서는 선수들의 개인 기량은 물론 팀플레이도 중요하다. 훌륭한 코치도 갖추고, 응원단도 있어야 제대로 게임을 할 수 있다. 제한된 국내시장에서 보호받으며 국내기업끼리 아웅다웅하던 시대는 지났다. 과거, 정부의 보호하에 외국기업은 얼씬도 할 수 없었던 국내시장에서조차 이제는 세계적 대기업들과 경쟁해야 하는 매우 어려운 상황이 되었다. 한국경제가 해외시장에서 기량을 제대로 펼치려면 기업의 힘만으로는 어렵다.

정부의 적극적인 후원과 국민적 성원이 뒤따라야 함은 물론 기업끼리도 서로 볼을 패스하고 찬스를 만들어 주는 협력이 필요하다. 국가와 기업의 관계에도 새로운 룰이 필요하다.

이건희 회장 에세이 『생각 좀 하며 세상을 보자』에서

시스템 경영

21C Neo-Management Note

1. 삼성을 이끄는 시스템

한 사람의 최선보다 전원의 최선이 값지다.
한 사람이 최선을 다했다고 말하는 것은 말도 안 된다.
전원이 최선을 다하도록 기강을 잡고 정신무장을 독려해야 한다.
- 1982년 9월 반도체회의에서, 이병철 회장

| 시스템 경영의 두 모습 |

삼성의 개혁이 성공해 세계 초일류기업으로서의 면모를 갖추어 나가자 세계 유수의 언론들이 이건희 회장을 주목했다. 〈이코노미스트〉, 〈비즈니스 위크〉, 〈포춘〉, 〈뉴스위크〉, 〈타임〉 등 삼성을 특집기사로 한두 번씩 다룬 적이 있는 해외언론들은 삼성식 경영의 성공요인으로 이건희 회장을 정점으로 한 경영 환경에, 민첩하게 대응할 수 있는 삼성 특유의 경영 시스템을 꼽고 있다.

흔히들 삼성 경영시스템을 사람이 아닌 조직이 움직이는 시스템 경영이라고 말한다. 삼성만의 독특한 경영시스템이 과연 있는 것일까?

〈뉴스위크〉는 각 계열사의 자율 경영을 우선시해서 일상 경영 현안은 각사의 CEO에게 일임하고, 회장 자신은 전략구상 등 좀 더 상징적인 역할에 주력하고 있다는 점에서 과거의 재벌총수와 차별화된다고 분석했다.

여기서 삼성 시스템 경영이란 두 가지 의미를 갖는데 첫째는 커뮤니케이션에 따른 시스템 경영이고, 둘째는 기업 운영에 대한 경영차원의 시스템 경영을 말한다. 삼성의 뛰어난 면은 이 두 가지 면에서 탁월함을 보이기 때문에 종국적인 시스템 경영의 묘를 살릴 수 있던 것으로 보인다.

이건희 회장은 1994년 신임 임원 교육에서 사내 커뮤니케이션의 중요성을 이렇게 강조했다.

"회장의 지시가 12시간 이내에 과장급까지 전달되고, 현장의 목소리가 24시간 이내에 회장에게까지 전달되도록 내부 커뮤니케이션 시스템을 구축해야 한다."

이후 삼성은 1999년부터 정보화 비전을 수립하고, 전사적 자원

관리(ERP : Enterprise Resource Planning) 시스템인 싱글(Single)을 구축했다. 싱글이 가동되기 시작하자 당시 싱글을 통해 메일을 주고 받은 건수는 하루 78만 5,000건이나 되었고, 정보를 공유하고 실무에 적용한 사람은 하루 4만 5,000명에 달했다고 한다.

또 삼성전자의 경우 싱글이 구축되던 해인 2001년, 재고물량을 평균 4조 1,000억 원 수준에서 2조 3,000억 원으로 대폭 낮췄고, 미회수 채권도 4조 6,000억 원에서 2조 6,000억 원으로 무려 2조 원 이상 줄일 수 있었다.

또한 삼성증권의 경우도 사이버 거래 주문 건수가 70%를 넘었으며, 약정액의 50%가 인터넷을 통해 이뤄졌다고 한다.

삼성은 1단계 정보 공유 시스템 싱글의 성공에 힘입어 2단계 정보화 작업을 추진하여 2003년, 싱글을 한 단계 업그레이드시킨 마이싱글(My-Single)을 개발, 구축하는 데 성공했다. 정보통신부가 주최한 2003년 대한민국 소프트웨어 공모대전에서 최우수 소프트웨어로 선정되어 대상인 대통령상을 수상하기도 한 마이싱글은 전 세계에 퍼져 있는 21만여 삼성인에게 메일, 결재, 일정, 거래선 관리, 업무 관리 등을 통합적으로 이용할 수 있게 함으로써 사무생산성을 크게 향상시켰다.

이제 삼성은 회장이 지시사항이 담긴 서류를 마우스로 눌러 보내면 21만 임직원이 리얼타임으로 받아 보고, 즉각 업무에 반영시킬 수 있게 되었다. 국내뿐 아니라 해외 어디에서라도 웹사이트와 마이싱글을 연결시켜 업무를 진행할 수 있게 됨으로써 그야말로 지구촌의 사무실화가 이룩된 것이다.

실제로 삼성은 마이싱글로 인해 사무 생산성이 20% 이상 향상되었고, 종전에는 51%에 불과했던 24시간 이내 결재건수가 77%로 늘어나 결재속도가 빨라졌다고 한다. 또한 시스템 안정성 면에서도 강력한 기능을 갖추고 있어 시스템 개설 이후 단 한 건의 바이러스나 해킹으로 인한 피해 사례도 일어나지 않았다. 이것은 글로벌 경영을 주창하고 있는 선진 초국적기업에서도 선례를 찾아볼 수 없는 것이라고 삼성인들의 자부심이 대단하다.

간혹 삼성을 떠난 이들 중에 삼성을 떠난 것보다 마이싱글에 접속하지 못해 정보를 얻지 못하는 것이 더 섭섭하다고 할 정도로 마이싱글은 매혹적인 사내 커뮤니케이션의 장이다.

마이싱글의 정착과 더불어 삼성은 첫째, 완벽한 고객 관계 관리(CRM) 구축, 둘째, 비즈니스 파트너와의 공조체제인 공급망 관리(SCM), 셋째, 인터넷을 통한 전자상거래 확산에 대비한 EC 가치경영(VBM), 넷째, 지식경영(KMS), 다섯째, 정보기술(IT) 인프라 확충 등 5개 시스템의 세부목표를 달성했다. 21세기 신경영이 목표로 하는 글로벌 경영의 초석을 다진 것이다.

2. 시스템이 움직이는 시스템

| 삼각편대 경영 |

삼성에는 삼각편대라고 부르는 트라이앵글 의사 결정 구조가 있다. 이건희 회장과 구조조정본부(현 전략기획실), 그리고 계열사가 의사결정의 3각 축을 이루고, 회사의 중요사안을 균형과 견제로 운영하는 시스템이다. 이 시스템은 권한이양과 책임 경영이라는 원칙 아래서 움직이고 있기 때문에 효율적인 통제 체제를 이룰 수 있었고, 세계 초일류기업으로의 진입이라는 엄청난 결과를 가져올 수 있었다.

회장은 오너로서 회사의 비전과 경영 방향 등 큰 그림을 제시하는 역할을 하고, 구조조정본부는 계열사 경영의 기본 실천 방향을 설정, 조정하며 경영진의 경영판단을 지원하는 역할을 맡고 있다.

이건희 회장은 큰 그림이 그려진 후에는 위기상황이 일어나지 않는 한 회사 경영에 일일이 간섭하지 않는 것으로 잘 알려져 있다. 그는 자질과 능력을 갖춘 경영자에게 일을 맡긴 이상 전권을 줄 만큼 자율 경영을 중시한다.

그것은 미덥지 못하면 맡기지 말고, 썼으면 믿고 맡기라는 선대 회장 때부터의 전통을 따른 것이다.

선대 회장이 사소한 것까지 꼼꼼히 챙기고 지시를 내렸던 데 비해 이건희 회장은 효율적이고 창의적인 조직을 만들기 위해 일을 맡긴 사람에게 전적으로 권한과 책임을 부여하는 스타일을 선택했다. 이건희 회장은 조직 운용에 대해서 이런 말을 했다.

"아랫사람이 신바람 나게 일할 수 있게 해야 한다. 회의시 토론이 실종된 채 일방적인 상의하달이 있어선 안 된다."

삼성 경영의 성공 요인 가운데 하나는 오너가 최정점에서 각 계열사 CEO들을 통제하고, 계열사 CEO들은 하위인사들을 통제하는 시스템적인 조직 경영이 제대로 작동했다는 데 있다.

이건희 회장은 각 계열사의 자율 경영을 우선시해서 일상적인 경영 현안은 각사의 CEO에게 일임하고, 회장 자신은 전략구상 등 좀 더 상징적인 역할에 주력한다. 그리고 나머지 제반문제의 처리는 구조조정본부에 일임한다.

구조조정본부는 회장이 결정한 사업에 대한 계열사 경영진의 경영판단을 지원하고, 경영의 기본 실천방향을 설정·조정하는 역할을 맡았다. 이런 삼각편대 경영이 시너지 효과를 나타내면서 삼성은 세계적 기업으로 급성장하게 된 것이다.

| 구조조정본부(현 전략기획실) |

여기서 구조조정본부의 역할이 빛을 발한다. 구조조정본부는 최고 경영진이 적절한 경영 판단을 내릴 수 있게 뒷받침하고, 그룹 전체의 전략을 짜는 역할을 하면서 단기적 경영 전략과 함께 다음 단계의 성장을 위한 장기 비전의 열쇠를 쥐고 있다.

IMF 외환위기 때 이학수 구조조정본부장을 정점으로 한 삼성식 구조조정이 현재의 초일류기업 삼성을 만든 원동력이 되었다는 점은 높이 평가받고 있다. 이건희 회장은 그러한 능력을 믿고 1985년부터 비서실에 있던 이학수 부회장을 20년 넘게 중용하고 있는 것이다. 이학수 부회장은 삼성의 핵심 경쟁력이 무엇인가? 라는 질문에 회장의 리더십과 방향 제시, 장기적인 투자 전략 제시를 가장 먼저 꼽았다.

삼성 경영의 최대 강점은 이건희 회장의 선견력을 가진 리더십과 카리스마를 그림자처럼 보좌하는 구조조정본부의 탁월한 역량에서 찾아볼 수 있다.

구조조정본부의 위상은 과거에는 감사 기능이 강했던 반면, IMF 이후 신경영이 무르익자 그룹의 이미지를 살리는 홍보 및 기술 관리 기능을 강화해 나가면서 삼성의 두뇌 역할을 맡아 막강한 파워를 가지고 있다.

삼성은 2004년 매출 135조 원, 순익 19조 원을 달성함으로써 삼성의 힘을 대내외에 과시했는데, 그 힘의 중심에 이건희 회장을 그림자처럼 밀착 보좌하는 구조조정본부가 있다는 게 정설이다.

삼성 구조조정본부는 재무, 인사, 경영 진단, 홍보, 비서, 법무, 기획 등 7개 팀으로 구성되어 있는데 임직원 수가 200여 명에 달한다. 각 계열사의 국내외 지사 등에서 보내온 최신 정보를 수집·가공하고, 계열사의 실태를 분석해 경영 상태를 진단하는 역할을 하며 비(非)핵심 사업 정리와 계열사간 중복 사업의 조정 등을 주요 업무로 하고 있다.

이런 업무 특성상 구조조정본부는 계열사의 재무와 인사에 큰 영향을 미칠 수밖에 없다. 그래서 계열사 재무팀은 자사 경영진보다 구조조정본부 재무팀을 더 어려워한다고 한다.

구조조정본부는 한편으로 사장단 및 임원 인사, 이들에 대한 업적 평가도 주도한다.

이학수 본부장은 삼성에서의 구조조정본부의 역할에 대해 이렇게 말하고 있다.

"계열사가 당장에 소출을 늘리겠다며 화학비료를 써서 좋은 땅을 망치지는 않는지 살펴보고, 좀 힘들더라도 퇴비를 쓰도록 권장하는 것도 구조본의 역할이다."

| 삼성, 역전의 방정식 |

2004년 10월, 일본 〈니혼게이자이〉 신문의 기술경영 전문 자매지인 〈니혼비즈테크〉는 삼성의 성공 요인과 인재 경영에 대한 특집을 '삼성, 역전의 방정식' 이라는 제목하에 장장 48페이지에 걸쳐서 게재했다.

이 특집은 삼성이 반도체, LCD 패널, 휴대전화 등 3대 사업에서 어떻게 세계 정상에 서게 됐는지를 분석하면서 이건희 회장의 카리스마를 갖춘 강력하고 신속한 의사 결정력이 주효했음을 밝혔다. 또한 최고경영자가 적절한 경영 판단을 내릴 수 있게 장기적인 안목에서 그룹 전체의 전략을 짜는 구조조정본부의 조정 역할이 성공의 한 축으로 작용하고 있다고 분석했다.

이 잡지는 삼성이 반도체 사업에서 일본 기업들이 한순간의 주저를 하는 사이에 과감한 투자와 공격적인 경영으로 일본을 추격하고 따돌렸다고 밝혔다. 또한 LCD 패널에서도 소니 등 세계 최강의 고객을 잡아 시장을 지배해 나가고 있으며, 휴대전화에서는 디자인으로 고급 브랜드의 이미지를 심으며 세계 1위를 향해 도약하고 있다고 평가했다.

이 잡지는 이건희 회장과 같은 강력한 리더십을 가진 경영자가 없다는 점이 일본 기업들의 최대 약점이라고 지적했다. 이건희 회장의 그림자이며 신경영 전도사라는 평가를 받고 있는 이학수 삼성 구조조정본부장은 최근 이건희 회장의 17년 경영을 이렇게 평가했다.

"반도체 투자 같은 천문학적인 액수는 보통의 최고경영자(CEO)들은 쉽게 결정을 내리지 못한다. 한때 잘나갔던 일본 반도체업체들도 CEO들이 결단을 내리지 못해 투자시기를 놓쳤다. 반면 삼성은 이 회장이 전략을 제시하고 투자를 결정해줌으로써 강력한 리더십이 생긴다. 계열사 사장들은 회장의 비전 제시를 책임감 있게 충실히 이행하고, 구조조정본부는 이 과정에서 정보 분석 등 보좌 업무를 수행한다.

삼성의 힘은 이 같은 삼각경영 시스템에서 나온다고 자타가 공인하고 있다. 사장을 비롯해 임직원들이 이건희 회장을 진심으로 따르고 승복하니까 이 같은 영향력이 나오는 것이다."

| 삼성의 핵, 이건희 회장의 오너십 |

그러나 삼성이 아무리 훌륭한 시스템 경영으로 움직이고 있더라도 어려운 난국을 맞아 가장 어려운 결단을 내려야 하는 사람은 그룹 총수인 이건희 회장이다. 다행이 그는 삼성자동차의 실패를 제외하고는 어려운 고비마다 훌륭한 선택을 했다.

이건희 회장의 앞날을 내다보는 통찰력과 직관력, 한번 목표가 정해지면 전속력으로 질주하는 추진력, 거기에 선대로부터 이어받은 카리스마는 삼성을 새롭게 변신시켰다. 이건희 회장은 늘 CEO가 되려면 최종 의사결정을 내릴 수 있는 결단력과 책임감, 사명감이 필수적이라고 강조한다.

그가 반도체 부분에서 기술자가 아니면서도 기술자 못지않은 판단력과 독보적인 결단력으로 오늘날의 삼성을 일구어 낸 신화 같은 이야기를 본인의 술회로 한 번 들어보기로 하자.

"반도체 산업은 타이밍 업(業)이라고 할 수 있다. 불확실한 미래를 예측해서 수조 원에 이르는 막대한 선행 투자를 최적의 시기에 해야 하기 때문이다. 반도체 사업에서 최적의 투자시기를 결정할 때는 피를 말리는 고통이 뒤따른다.

1987년 반도체 역사의 전환점이 되는 중대한 고비가 있었다. 4메가 D램 개발 방식을 스택(stack)으로 할 것인가, 트렌치(trench)로 할 것인가를 결정하는 것이었다. 두 기술은 서로 장단점이 있어서 양산 단계에 이르기 전에는 어느 기술이 유리한지 그 누구도 판단할 수 없는 상황이었다. 미국과 일본의 업체도 쉽게 결정을 못내리고 있었다. 당시 나는 일본 반도체 회사의 제조 과장들을 저녁때 만나 새벽까지 토의했다. 이렇게 몇 차례를 거듭했지만 확실한 정답을 얻지 못했다. 반도체 전문가들도 두 기술의 장단점만 비교할 뿐 어느 쪽이 유리한지 단정 짓지 못했다.

이건희, 21세기 신경영 노트

나는 지금도 그렇지만 복잡한 문제일수록 단순히 생각해 보려고 한다. 두 기술을 두고 단순화해 보니 스택은 회로를 고층으로 하는 것이고, 트렌치는 지하로 파들어 가는 식이었다. 지하를 파는 것보다 위로 쌓아올리는 것이 더 수월하고 문제가 생겨도 쉽게 고칠 수 있으리라고 판단했다. 그래서 스택으로 결정한 것이다.

이 결정은 훗날 트렌치를 채택한 도시바(東芝)가 양산(量産)시 생산성 저하로 D램의 선두 자리를 히타치에 빼앗겼고, 16M D램과 64M D램에 스택 방식이 적용되고 있는 것을 볼 때 올바른 선택이었다.

그리고 1993년 또 한 번의 승부수를 띄웠다. 반도체 5라인을 8인치 웨이퍼 양산 라인으로 결정한 것이다. 그때까지만 해도 반도체 웨이퍼는 6인치가 세계 표준이었다. 면적은 제곱으로 증가한다는 것을 감안하면 6인치와 8인치는 생산량에서 두 배 정도의 차이가 난다. 그것을 알면서도 기술적인 위험 부담 때문에 누구도 8인치를 선택하지 못했다.

나는 고심 끝에 8인치로 결정했다. 실패하면 1조 원 이상의 손실이 예상되는 만큼 주변의 반대가 심했다. 그러나 우리가 세계 1위로 발돋움하려면 그때가 적기라고 생각했고, 월반(越班)하지 않으면 영원히 기술 후진국 신세를 면치 못하리라 판단했다. 반도체 집적 기술은 1983년에서 1994년까지 10년 동안에만 무려 4,000배나 진보했다. 그만큼 기술 개발 주기가 계속 단축되고 있어서 단기간에 기술을 확보하지 못하면 엄청난 기회 상실을 초래한다. 그래서 나는 단계를 착실히 밟는 편안한 길을 버리고 월반을 택한 것이다.

그리고 1993년 6월 5라인을 준공했고 숨 돌릴 새도 없이 6, 7라인을 착공하며 이듬해 7월부터 가동했다. 당시 각종 전문기관의 수요 예측이나 내부의 자금사정은 추가 투자가 무리한 상황이었으나, 일본 업체들이 투자를 머뭇거릴 때 투자를 감행하는 공격 경영이 필요하다고 판단한 것이다.

그 결과 256M D램 개발은 일본과 동시에 했지만 양산시기를 앞당기고 8인치 웨이퍼를 사용함으로써 생산력에서 앞설 수 있었다. 이를 계기로 세계시장에서 일본 업체를 따돌리고 1993년 10월 메모리 분야 세계 1위에 서게 된 것이다. 반도체 사업이 세계 정상에 오른 날, 나는 경영진에게 이렇게 말했다.

'목표가 있으면 뒤쫓아 가는 것은 어렵지 않다. 그러나 한번 세계의 리더가 되면 목표를 자신이 찾지 않으면 안 되며, 또 리더 자리를 유지하는 것이 더 어렵다.'

사장단에게 하는 말이었지만 이는 나 스스로 하는 다짐이기도 했다."

삼성 2기를 성공적으로 장식한 이건희 회장은 거기에 만족하지 않고 잘나갈 때 위험이 닥쳐올 수 있다고 강조했다. 그는 항상 앞으로 10년 동안 무엇을 먹고 살 것인가를 궁리하고, 10년 후의 미래를 준비해야 한다고 말한다.

이건희 회장은 2005년 신년사에서 초일류기업으로 나아가는 우리의 앞길은 매우 험난한 여정이 될 것이라고 내다보고, 그러나 기쁨과 보람은 고난 속에서 꽃을 피우며 진정한 일류기업은 불황에

이건희, 21세기 신경영 노트

더욱 빛을 발한다며 임직원들을 향해 중단 없는 공격 경영을 계속할 것임을 선언했다.

이건희 회장은 누구든 전환기의 변화를 선도해 나가면 일류로 앞서 갈 것이나, 이를 외면하거나 거스르면 영원히 이류, 삼류로 머무르게 될 것이라고 항상 위기를 강조하며, 도전과 변화를 가로 막는 그 어떠한 것도 과감하게 허물어야 한다고 말하고 있다.

이건희 회장이 바라는 21세기형 경영자는 어떤 모습일까? 이건희 회장은 자신이 생각하는 21세기형 경영자의 모습에 대해 〈동아일보〉와의 회견에서 이렇게 말했다.

"미래 변화에 대한 통찰력과 직관으로 기회를 선점하는 전략을 창조할 수 있어야 합니다. 그리고 혁신을 통해 항상 새로운 것에 도전하는 변화 추구형이어야 해요. 또 경영자 스스로가 고부가가치 정보의 수신자, 발신자 역할을 할 수 있어야 합니다. 물론 국제적 감각은 필수요건이지요. 경영은 하나의 종합예술입니다. 사장이 무능하면 그 기업은 망한다 해도 틀림이 없을 정도로 경영자의 역할은 막중하지요. 그러나 의욕과 권한만 가지고는 안 됩니다. 종합예술가에 비유될 정도의 자질과 능력을 갖춰야 합니다."

송재용 서울대 교수는 이러한 삼성 경영의 실체를 이렇게 분석하고 있다.

『소유경영자 - 전문경영인 - 구조조정본부의 3자 조화가 삼성 경쟁력의 실체다. 구조조정본부를 통해 소유경영이 가능하기 때문에 이건희 회장의 리더십이 발휘되고, 일상적인 문제는 전문경영인이 책임감을 가지고 직접 해결하는 체제다.』

이건희, 21세기 신경영 노트

기술의 발달이 인류의 삶을 윤택하게 만들어 왔음은 물론 잠재력도 크게 향상시켜 왔습니다. 예를 들어 석기시대의 기술로는 5백만 명밖에 부양할 수 없었던 지구의 인구 부양능력은 농업기술의 개발에 따라 8억 명으로, 다시 산업사회에 들어와서는 100억 명으로 늘어났습니다.

재래기술인 진공관으로 휴대용 디지털 전화기를 만든다면 20층 건물만큼이나 커지게 되지만, 반도체 기술을 적용하면 크기는 1억 4천만분의 1, 가격은 8만분의1, 전력소비는 1천 7백만분의 1로 떨어지면서 성능이나 편리성은 오히려 증가한다는 사실에 주목할 필요가 있습니다. 기술의 발달은 삶의 질 향상뿐만 아니라 사회 구조에도 많은 변화를 가져다 주었습니다.

반도체가 통신의 발전을 촉진시켰고, 이로 인한 정보혁명이 공산주의의 변혁을 재촉했습니다. 또한 반도체 기술이 컴퓨터에 접목되면서 세상을 더욱 더 무서운 속도로 변화시키고 있습니다.

두 번째는 무한경쟁의 시대, 국경 없는 경제의 진전을 들 수 있겠습니다. 이 같은 움직임은 개방을 기본으로 하는 새로운 세계 무역질서 형성에 의해 더욱 가속화되면서 글로벌 경제를 빠른 속도로 구현시켜 나갈 것입니다.

지금 세계 각국은 21세기 기회 선점을 위해 탈규제와 민영화 등을 통해 민간의 자율과 창의를 최대한 발휘시키기 위한 새로운 경제의 틀을 짜고 있습니다. 바로 무한경쟁의 시대를 맞기 위한 준비라 하겠습니다.

세 번째는 기존 개념들의 변화입니다. 서로 다른 업종간의 융합에 따른 업종개념의 변화, EU 출범에서 보는 국경개념의 변화, 정보화의 진전에 따른 노동개념의 질적 변화, 창조적 영재를 키우는 교육에 있어서의 개념 변화 등이 그 좋은 예가 될 것입니다.

사회의 변화는 국가의 역할조차도 새로운 개념을 도입토록 재촉하고 있습니다. 정치·국방·외교 등 막아 주고 지켜 준다는 개념에서 경제·사회·교육·문화 등 제 분야의 인프라 확충과 삶의 질 향상, 민간의 효율과 자율을 존중하는 서비스 중심으로의 역할 변화가 바로 그것입니다. 미래의 승자와 패자는 누가 먼저 고정관념을 깨고 변화하는 개념을 정확하게 읽어 받아들이느냐에 따라 달라질 것입니다.

네 번째는 서로 뺏고 빼앗기는 파이(Pie) 분할의 상극의 시대에서 선의의 경쟁을 통해 파이(Pie)를 확대해 가는 상생의 시대가 올 것이라는 점입니다. 지구상에 존재하는 자원은 유한하지만, 기술 발전으로 그 한계성이 극복되고 있으며 새로운 산업이 계속 생겨나면서 파이 또한 확대되고 있기 때문입니다.

21세기는 서로 다른 문명이 충돌하는 문명 충돌의 시대가 될 것이라고 예견하는 사람들도 있습니다. 그러나 인류는 서로 다른 종교나 철학, 문화에 대한 이해를 증진시켜 충돌보다는 이질문명과 공존할 수 있는 지혜와 방법을 터득해 갈 수 있을 것으로 생각합니다. 아시아는 서양을 따라가는 모방자였고, 서방의 정보를 받아들이는 수신자였습니다. 그러나 이제는 세계를 향해 정보를 발신하는 발신자가 되어야 할 때입니다.

이건희 회장, 닛케이 포럼 기조강연

삼성웨이

삼성 경영원칙

인재관리

삼성의 경영원칙은 지난 1987년 취임 이래 이건희 회장이 줄곧 강조해 온 윤리경영 철학을 글로벌 스탠더드에 맞춰 구체화한 것으로 신경영 선언이후, 삼성헌법을 내놓은 지 12년 만에 그동안 실천해 온 정도경영과 투명경영에 대한 강한 실천의지를 재천명한 것이다.

1. 삼성헌법과 삼성경영원칙

| 삼성헌법 |

미국 경제전문지 〈포춘〉이 선정한 세계 500대 기업의 경우, 대개 자사의 미션 헌장을 보유하고 있다고 한다. 그들의 미션 헌장에는 기업의 경영원칙과 나아가야 할 방향이 담겨 있다.

삼성의 경우 이건희 회장이 직접 쓰고 선포한 삼성헌법이 그러한 미션에 속한다고 할 수 있겠다. 이 회장은 1993년 신경영 선언 이후 삼성헌법을 공표하면서 인간미와 도덕성, 에티켓, 예의범절을 특히 강조했다. 그것은 그동안 삼성이 추구해 온 기술중시, 인재중시, 자율경영의 이념만 가지고는 인간미가 넘치는 기업을 만들기 힘들다는 판단에서 비롯되었다. 삼성인 모두가 더불어 삶의 질을 높이기 위한 덕목으로 인간미, 도덕성, 예의범절, 에티켓이라는 도덕심 배양을 주문한 것이다.

이건희 회장은 삼성헌법을 제정하면서 무엇보다도 도덕성 회복을 강조했다. 그는 1조 원의 순익을 내는 것보다 더 중요한 것은 인간미를 갖추는 것이라 밝히고, 삼성헌법을 앞세워 인간미가 넘치는 회사를 만들자고 나섰다.

그 후 삼성은 삼성헌법을 외국어나 OA능력과 더불어 승진시험 때 필수과목으로 적용시켰고, 삼성에 몸담고 있는 사람이 반드시 지켜야 하는 기본적인 룰로 정했다. 10년이 흐른 후 삼성 내부에서는 엄청난 변화가 일어났다. 21만 삼성맨들은 삼성헌법 정신으로 중무장하게 되었고, 삼성맨 개개인에게는 남들과 구별되는 절제심과 세련됨, 그리고 일에 대한 남다른 열정이 나타나기 시작했다. 그들은 마침내 삼성이라는 조직을 변화시키기 시작했다.

이와 함께 삼성 CEO들은 도덕심에 기초한 건전한 근로자들에게 새로운 비전을 제시해 힘이 넘치는 삼성 에너지를 만들어 냈고, 그 에너지는 오늘날의 삼성을 만드는 원동력이 되었다. 그리하여 국내에서 잘나가는 재벌 수준이었던 삼성은 세계적 초일류기업으로 변신하는 데 성공했다.

삼성식 도덕주의는 세상에는 잘 알려져 있지 않지만 21만여 삼성맨들에게는 가장 중요시 되는 덕목이다. 이건희 회장은 도덕주의와 인간미의 회복을 호소하는 삼성헌법을 선포함으로써 제2의 창업에 성공했다고 할 수 있다.

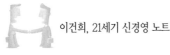

| 삼성경영원칙 |

삼성은 이에 그치지 않고 2005년 3월 18일 새로운 화두를 던졌다. 삼성은 투명경영의 기치를 내걸고 삼성경영원칙을 대내외에 전격 선포한 것이다. 삼성의 경영원칙은 지난 1987년 취임 이래 이건희 회장이 줄곧 강조해 온 윤리경영 철학을 글로벌 스탠더드에 맞춰 구체화한 것으로 신경영 선언이후, 삼성헌법을 내놓은 지 12년 만에 그동안 실천해 온 정도경영과 투명경영에 대한 강한 실천의지를 재천명한 것이다.

삼성은 그 동안 각 사별로 운영되고 있는 윤리강령을 삼성경영원칙으로 대체하고 이 경영원칙이 효과적으로 정착되고 유지될 수 있도록 삼성 경영원칙 실천위원회를 설치했다. 삼성이 이처럼 투명경영을 전면에 내세우며 글로벌 스탠더드인 세계 속 삼성의 행동원칙을 구체화하고 있는 것은 투명·윤리경영으로 시대요구를 충족시키고 삼성인의 자긍심을 고취시킴과 동시에 삼성의 앞날을 이끌 삼성웨이(SAMSUNG WAY)를 새롭게 정립하고자 함에 있다.

그래서 삼성 구조조정본부는, 우리는 지난 1년여 동안 경영원칙을 준비해 왔다. 이는 글로벌 기준에 맞게 각사의 윤리강령 등을 새롭게 구체화 시킨 것이라고 밝히고 있다.

삼성은 이미 세계적인 기업으로 자리를 굳히고 있고, 해외 유수 기업들의 벤치마킹의 대상이 되어 있는 탓에 글로벌 기업에 걸맞는 경영철학과 기업문화를 재구축해야 하는 시점에 놓여 있는데 그에 상응하는 기업문화의 근간으로 내놓은 것이 바로 삼성경영원칙이라고 볼 수 있다. 삼성은 글로벌 일류기업에 필요한 기업문화를 만들어 나가기 위해 국내외 임직원 교육뿐만 아니라 해외핵심 인력 채용 때도 삼성경영원칙을 적극 활용하기로 했다.

삼성경영원칙은 정치자금 제공 금지, 글로벌 스탠더드 준수 등 윤리경영의 행동강령이다. 삼성경영원칙은 기업의 사회적 책임과 임직원들이 지켜야 할 기본적 행동원칙을 5대 원칙으로 정하고 있다.

1) 법과 윤리 준수
2) 깨끗한 조직문화
3) 고객, 주주, 종업원 존중
4) 환경, 안전, 건강 중시
5) 글로벌 기업시민으로서의 사회적 책임

삼성경영원칙은 이어서 회사와 임직원이 실제 경영활동에서 대내외적으로 준수해야 할 구체적 행동원칙을 15개 세부원칙과 42개 행동세칙으로 세분화 되어 있다. 삼성경영원칙은 법과 윤리 준수 원칙을 통해 공정경쟁, 회계 투명성, 정치 개입 회피 및 정치적 중립성 유지 등을 규정하고 있다. 또 깨끗한 조직문화를 위해 공사의 엄격한 구분, 회사와 타인의 지적재산권 보호와 존중, 건전한 조직분위기 유지 등을 요구하고 있다.

나아가서 삼성경영원칙은 고객만족과 주주가치 중심의 경영추구, 종업원의 삶의 질 향상 노력, 환경 친화적 경영추구, 지역사회와의 상생 실천, 사업파트너와의 공존공영 관계 구축 등도 규정하

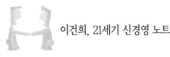

고 있다.

경영원칙에는 특히 국내 정치와 관련해 민감한 조항을 담고 있는데 사내외 정치활동금지, 회사의 자금 인력 시설의 정치적 사용 금지, 불법 기부금 등 금품 제공 금지에 대한 내용이 세밀하게 포함되어 있다.

이는 정권이 바뀔 때마다 정치의 향배에 자유롭지 못했던 과거를 딛고자 불법 정치자금과의 단절을 선언한 것이기도 하다. 삼성은 이번 선언을 단순한 구호로 끝내지 않고, 정치권과의 사슬을 끊기 위해서 각 계열사별로 구체적인 방안을 찾아 실천 작업에 들어 갔다. 이것은 삼성 스스로가 후진적 정치 작태를 보이는 정치권과의 고리를 철저히 차단하겠다는 의지를 확고히 내보인 것으로 평가받고 있다. 삼성은 이와 함께 글로벌 스탠더드로서 세계 각국의 회계법규와 국제적 회계기준을 준수하겠다는 항목도 처음으로 명시했다.

이건희 회장은 1987년 취임 직후부터 부정은 암이고 부정이 있으면 반드시 망한다고 강조했고, 1993년 신경영 선언 때는 도덕성이 결여된 기업에서는 좋은 물건이 나올 수 없고, 나와도 반갑지 않다며 비정도(非正道) 1등보다는 정도(正道) 5등이 낫다고 말한 바 있다. 이건희 회장은 도덕성, 예의범절, 에티켓 등을 골자로 한 삼성헌법까지 직접 써서 제정하면서 무엇보다도 도덕성 회복을 당부하며 이렇게 말했다.

"도덕은 인간의 기본적 양심이다. 라면 한 봉지를 팔아도 '잘 먹어 주었으면 좋겠다' 하는 마음이다. 중장비나 아파트는 사가는 사람에게는 재산 1호다. 이걸 만들면서 도덕심 없이 어떻게 기업을 하느냐. 도덕성을 갖추지 못한 기업에서 좋은 물건이 나올 리도 없겠지만 설령 물건이 나오더라도 반가울 게 하나도 없다."

2. 기업문화

| 기업은 문화공동체 |

선진외국의 경우 우수한 기업문화를 갖춘 기업은 사용자와 근로자라는 단순한 관계를 떠나 모든 사원이 신뢰와 애정으로 엮어진 하나의 유기체를 이루는 경우가 많다. 그러므로 겉으로 보기에는 똑같이 상품을 생산하는 기업체로 보일런지 모르지만 우수한 기업문화를 가진 기업체에는 눈에 보이지 않는 활력이 넘친다.

그런 의미에서 삼성은 우리나라에서 가장 우수한 기업문화를 만들어가는 기업이라고 볼 수 있다. 삼성인들의 의식 속에는 긍정적이고 진취적인 정신이 배어 있고, 자신이 속해 있는 회사에 대해 깊은 신뢰와 애정을 나타낸다. 아울러 어느 한 부서의 기쁨이 곧 전체의 기쁨으로 확산되는 끈끈한 사우정신, 상사와 부하들을 결속시키는 깊은 신의 등도 갖추어져 있다.

삼성은 회장이 월드 베스트 제품 육성, 인재경영 등 한 방향으로 힘을 결집할 수 있는 경영화두를 제시하면 구조조정본부와 싱크탱크인 삼성경제연구소가 협력해 전체적인 로드맵을 그린다. 그런

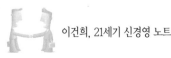

이건희, 21세기 신경영 노트

다음에는 임원들이 그 설정을 기준으로 삼아 전 구성원이 따르게 하는 독특한 기업문화를 형성해 나가고 있는 것이다.

삼성은 기업문화를 강화하기 위해 줄기차게 노력해 온 회사다. 원래 삼성을 정신적으로 이끌어온 기업이념은 사업보국·인재제일·합리추구였다. 그러나 제2의 창업선언과 신경영 선언 이후 이건희 회장은 삼성의 새로운 이념으로 세계 제일·기술 중시·인간 존중을 제시했다.

이것은 글로벌 시대를 맞아 선택한 삼성의 새로운 비전과 전략을 보여주는 개념들이다. 삼성은 초일류기업으로 승승장구하면서도 끊임없이 이러한 기업문화에 적합한 개성과 역량을 보유한 인재의 확보, 육성을 위해 노력하고 있다. 오너 자신이 미래에 대한 확고한 비전을 제시하고 리더십을 발휘하면서 인간미, 도덕성, 에티켓, 효율, 보안의식, 충성심, 보이지 않는 곳에 대한 철저한 관리감독을 실현하는 것이 삼성 조직문화의 특징이다.

| 모두를 위한 기업문화 |

삼성의 기업문화는 아침 출근에서부터 시작된다. 삼성 직원들은 매일 아침 출근하면 사내에 설치된 CA-TV의 조회방송을 시청한 뒤 업무를 시작한다. 조회방송에는 회사에서 전하는 새로운 소식, 회장의 지시사항, 공지사항 등이 방송된다.

이때 중요한 사안이 있을 때는 각 계열사마다 사장이 직접 출연해 다소 어눌하지만 아주 친근한 어조로 회사의 새로운 방침이나 직원들에게 당부할 말, 개선해야 할 문제점을 알린다. 사원들은 화면으로 사장의 얼굴을 보며 메시지를 전달받기 때문에 직접 지시를 받은 듯한 기분으로 업무를 시작하게 된다고 한다.

사원들 또한 필요한 일이 있으면 방송에 참여해서 의견을 개진할 수 있는데, 회사에 바라는 점들을 톡톡 쏘는 말솜씨로 풀어내는 이들이 있어서 많은 사원들이 재미를 느끼고 있다. 그래서 조회방송은 이제 삼성의 문화로 자리 잡았다.

TV 방송은 다양한 정보와 자료를 단시간에 간략하게 전달할 수 있다는 점에서 경영자로서는 매우 좋은 대화매체일 수 있다. 또 직원들에게는 직장인의 자기계발이라든가 여가활용 방식을 알려주는 정보의 공급처로서 사내 방송이 청량제 같은 역할을 하고 있다. 회사마다 아침을 여는 분위기가 다르겠지만 삼성 계열사들은 대체로 이렇게 아침을 시작한다.

또 점심시간을 보면 삼성의 기업문화를 알 수 있다. 황창규 삼성전자 반도체총괄 사장의 경우 특별한 약속이 없는 한 점심식사는 기흥공장의 구내식당에서 직원들과 함께 한다. 이곳에는 다른 회사와 달리 아예 간부식당이 따로 없다. 미스터 반도체로 불리며 세계적으로도 유명한 CEO가 구내식당에서 상고 출신의 오퍼레이터들과 같이 식사를 하고 담소를 즐기는 것이 바로 삼성의 문화이자 정신이다. 이러한 상황은 다른 삼성 CEO들도 마찬가지라고 한다.

이렇게 직원들과 격의 없이 지내며 밝은 기업문화를 만들려고 노력하는 데는 이유가 있다. 구성원들을 회사의 이익에 자발적으로 동참하게 하고, 자신이 하는 일에 자부심 못지않게 책임감을 느

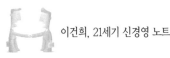

끼게 하려는 것이다. 이러한 기업문화는 경영의 효율성과 성과를 높이는 데 결정적인 역할을 한다. 조직원들 간에 공유되는 가치(shared value)가 있는 회사는 모든 역량을 집중시킬 수 있고, 그 힘은 무한한 가능성을 보여주기 때문이다.

삼성은 국내에서 처음으로 사원을 공채로 뽑았는가 하면 사원출자제를 실시하는 등 일찍부터 선진 경영 기법을 실시하면서 삼성 공동체라는 문화를 만드는 데 주력해 온 기업이다.

또한 인재제일주의, 일등주의를 정착시킴으로써 삼성가족의 자부심을 고취시켜 왔고, 2대 회장 체제로 들어서면서 신경영, 천재경영, 준비경영을 부르짖으면서 색깔이 뚜렷한 삼성만의 기업문화를 이룩해 가고 있다.

삼성 기업문화의 전통을 세운 삼성의 창업주 이병철 회장은 성공의 비결을 1975년 9월 17일, 〈내외경제신문〉의 인터뷰 기사 최고경영자와의 대화에서 이렇게 말했다.

"나는 일단 입사를 하면 영원히 일할 수 있는 여건을 만들어 주기 위해 공정한 승진의 기회를 주고, 적재적소에 배치하여 정당한 보수를 주었다. 또 사장에서 말단에 이르기까지 사업을 운영할 수 있는 지도력과 능력이 있는 사람이라고 판단되면 모든 책임을 맡겨서 자기의 역량을 충분히 발휘할 수 있도록 했다. 인사에 있어서 내 가족을 굳이 배척하지는 않았지만, 각별히 신경을 기울여 공정한 인사원칙에 어긋남이 없도록 나는 노력했다. 이것이 나의 확고한 경영방침이다. 이밖에는 경영에 비결이 따로 없는 줄 안다."

이러한 경영방침은 사원들로 하여금 최대한 자신의 역량을 발휘하게 만들었고, 인재의 삼성·제일주의 삼성이라는 기업문화를 만들어 냈다.

이건희 회장은 그러한 선대 회장의 유지를 그대로 받들어 발전시키고 있다. 그런데 이건희 회장의 인재 키우기는 이병철 회장을 훨씬 능가하는 수준이다. 최근 천재경영을 내세운 이건희 회장은 해외인재를 스카우트하기 위해 회사전용기까지 내주면서 인재 확보를 독려하고 있다. 그것은 사람에 대한 투자를 늘려 미래의 캐시카우(Cash cow : 돈을 벌어 주는 사업)가 될 차세대 성장산업을 선점하기 위한 전략이다. 이건희 회장은 그렇게 채용한 인재들에게 과감한 보상을 함으로써 초일류기업 삼성을 만들어 나가고 있는 것이다.

3. 무노조 경영

| 유교적 경영모델 |

삼성은 창업 이래 70년에 가까운 역사를 가지고 있지만 한 번도 노조가 없었다. 삼성 지도부가 말하는 이유는 이렇다.

"삼성에 노조가 없는 이유는 간단하다. 삼성은 노조가 있는 회사보다 더 잘해주기 때문이다. 업계 최고 수준의 임금을 주고 있고, 자녀학자금을 비롯한 각종 후생복지 역시 업계 최고를 보증한다."

삼성은 이런 파격적인 대우를 통해 철저히 삼성식 노동자를 만들어 냈다. 한국 사회에서 삼성의 무노조 경영을 바라보는 시각은 크게 두 가지로 나누어져 있다.

능률과 경제운용의 묘를 중요시 하는 경제인이나 경제 컨설턴트들은 노조가 없기 때문에 의사결정이 빠르고, 신속한 정책실행이 가능하다며 이런 무노조 원칙이 인재중시 경영과 삼성문화, 오너의 리더십과 맞물려 삼성의 경쟁력을 만들어 낸다고 평가하고 있다.

GE의 잭 웰치 전 회장은 노조가 없는 삼성식 경영방식을 유교적 경영모델로 명명하면서 그 우수성을 인정한 적이 있다.

삼성에 노조가 없는 이유는 간단하다. 삼성은 동종업계의 어느 업체보다 10% 이상을 더 주고 자녀학자금을 비롯한 각종 후생복지에서 최고대우를 해주고 있기 때문에 삼성맨들은 굳이 노조를 만들 필요성을 느끼지 못하고 있다.

삼성이 노조가 없는 회사가 된 데는 이병철 선대 회장의 경영철학에 기인하는 바가 크다. 1961년의 일이다. 제일모직 대구공장은 그해 8월부터 10월까지 노사분규로 조업중단을 겪었는데 이병철 회장은 당시 일본을 휩쓸고 있던 전국적 스트라이크로 일본 경제가 휘청거리는 것을 목격하고 노조를 초월하는 경영을 결심하게 되었다. 그 후 이병철 회장은 최고의 임금과 사원복지, 신상필벌에 따른 성과보상주의, 인재제일주의로 자부심을 느끼게 하는 기업문화를 이끌어 냄으로써 무노조의 삼성 조직문화를 만들어 냈다.

이건희 회장은 선대 회장의 유업을 계승·발전시켜 그룹 차원에서 능력에 따른 차등임금 보상체계를 갖추고 생산성 장려금, 스톡옵션, 이익배분 제도를 통해 일을 잘하는 사람은 자기의 능력만큼 보상을 받을 수 있게 했다.

또한 삼성은 모든 직원들에게 학자금과 주택 구입자금을 지원하고, 여가문화 활동과 의료지원을 하는 등 노조가 있는 회사보다 더 잘해주기 때문에 대부분의 삼성맨들은 재계 일급 대우를 받고 있는 것에 만족하며 최선을 다해 업무에 충실하고 있다.

특히 삼성에는 다른 그룹의 직원들이 가장 부러워 하는 자기개발 지원 프로그램이 많다. 이를테면 1990년부터 시행하고 있는 해외지역전문가(1년 간 해외 각국에 파견해 언어와 문화 습득), 1995년부터 시행중인 테크노 및 소시오 MBA(2년 간 국내 및 해외 대학원 연수), 2005년부터 신설된 성대 MIT MBA(2년 간 성대 및 미국 MIT에서 연수) 등 다양한 커리큘럼이 있다. 특히 삼성 직원이면 누구나 참여해 영어, 중국어, 일어는 물론 기타 특수어까지 3개월, 6개월 단위로 용인 연수원(합숙), 서소문 서울연수소(출퇴근)에서 배울 수 있는 사내 어학연수도 있다.

이러한 프로그램 덕분에 삼성은 전국을 시위와 노사분규의 회오리로 몰고 간 1980년대 중·후반의 민주화 시기에도 조용하게 지낼 수 있었고, DJ정부와 현 참여정부의 친노조 시대에도 별 탈 없이 무노조의 삼성을 이끌어 가고 있다.

| 역지사지의 노력 |

삼성의 성공요인으로는 여러 가지를 들지만, 그 중에서도 노조가 없기 때문에 의사결정이 빠르고 신속한 정책실행이 가능하다는 점을 꼽을 수 있다. 그것이 인재중시 경영과 유능한 CEO들의 뛰어난 관리능력, 오너의 리더십과 맞물려 삼성 특유의 경쟁력을 만들어 내고 있다는 것이다.

그런데 노조라는 명칭만 없을 뿐 삼성에는 오래전부터 노조와 같은 역할을 하는 노사협의회란 것이 있다. 삼성이 노사의 공존과 평화를 정착시킬 수 있었던 데는 노사협의회의 역할이 크다고 볼 수 있다. 이 협의회는 직원들의 불평불만과 애로사항을 모아 경영진에 전달하고 반영시킴으로써 노조가 생길 여지를 미리 없애고, 노사의 신뢰관계가 탄탄하고 상생의 평화 · 협조적인 분위기를 유지할 수 있게 한다.

삼성이 지금까지 무노조 행진을 계속할 수 있는 이유도 직원들에 대한 대우가 다른 기업들보다 나은 점이 많기 때문이 아닐까?

조직이 발전하려면 조직원들 사이에 화합과 신뢰의 분위기가 조성되어야 하고, 무엇보다 신뢰를 바탕으로 상사, 동료, 부하의 입장에서 생각하고 이해하려는 역지사지(易地思之)의 노력이 있어야 한다.

최근 서울경제연구소와 대한상공회의소 공동주관으로 열린 한 좌담회에서 배종렬 삼성물산 사장은 요즘 많은 사람들이 거론하고 있는 네덜란드식 노조와 삼성이 고수하고 있는 무노조 경영원칙에 대해서 이렇게 설명한 바 있다.

"네덜란드 출장을 갔을 때 현지 최고경영자를 만났는데, 네덜란드식은 노조의 직접 참여형이 아니기 때문에 잘못 이해하고 있다고 했습니다. 네덜란드형은 노조가 경영에 직접 참여하는 것이 아니라 자문 역할을 하는 정도입니다.

그리고 국내 노조는 뭔가 생산해 놓지도 않고 분배 문제를 먼저 얘기하려 합니다. 노사쟁점이 돼야 할 것은 생산성을 어떻게 높일 것인지, 비용절감을 어떻게 해야 할 것인지가 돼야 합니다. 그런데 생산성은 떨어지면서 나누는 문제를 얘기하고 있습니다. 1만 불 시대에서 복지를 그렇게 강조하면 어떻게 됩니까? 참고로 삼성은 노조는 없지만 매달 노사협의회를 통해 현안을 논의하고, 불만이 있으면 다시 얘기하면서 별 문제가 없습니다. 이것이 네덜란드식의 노사 모델로 진행되고 있는 게 아닌가 생각합니다."

반면 삼성의 무노조 경영을 비판하는 노동운동가, 시민단체 등은 노조를 만들려고 하는 노동자들에 대한 회유와 협박으로 이루어진 독불장군식의 경영이라고 평가한다.

그들은 삼성재벌의 무노조 경영은 결코 자랑거리가 아니라 독점 재벌의 횡포일 뿐이라고 폄하한다. 오랫동안 노동쟁의 문제를 전담했던 노동부 관계자는 삼성의 무노조 신화에 대해 긍정적으로 평가하면서 이렇게 말했다.

"삼성식 노조정책이 LG보다는 비용이 더 많이 들 수 있다는 점은 인정하지만, 사회 전체로 보면 무노조 신화를 이어가는 삼성과 노조가 있는 다른 그룹이 선의의 경쟁을 하는 셈이 되기 때문에 긍정적 역할을 한다."

　삼성은 무노조 신화를 유지하기 위해서 경쟁사보다 더 많은 임금을 보장하고 있고, 대부분의 삼성맨들이 이에 만족하는 경향을 보이고 있기 때문에 당분간 무노조 신화는 계속 이어질 것으로 보인다.

인간미·도덕성·예의범절·에티켓 삼성, 이대로는 일류가 될 수 없다. 일류가 되지 못하면 살아남을 수 없다. 도덕성을 회복하고 인간미를 살리지 않고서는 아무것도 할 수 없으며 영원히 2류나 3류에서 벗어나지 못한다. 이건 나의 신념이다.

진정한 의미의 세계 초일류기업이 되기 위해서는 무엇보다 먼저 임직원 각자가 인간미와 도덕성을 회복하고, 삼성은 예의범절을 중시하는 기업으로 거듭나야 한다. 사람은 인간적이어야 한다. 기본적으로 인간미가 있어야 한다.

일이 좀 서투르거나 능력이 딸려도 괜찮다. 인간미가 있어야 한다. 워낙 바쁘다 보면 옆에 아이가 넘어졌는데도 일으켜 주지 못할 때가 있다. 그래도 마음속으로는 참 미안하다고 생각하는 게 보통의 인간이다. 그러나 삼성인은 아무리 급하더라도 일으켜 주고 가야 하고, 그게 인간적인 것이다.

상사는 직장의 부모다. 자기 자식이 귀하면 남의 자식도 귀한 법이다. 남의 자식을 맡아서 삼성에 있으면 더 잘되고, 밖에 나가서도 더 잘살 수 있는 인간으로 만들어 주는 게 직장선배와 사회선배로서의 최소한의 도리다. 잘못은 반드시 서로 고쳐주어야 하고 웃을 때는 같이 웃고 슬플 때는 같이 슬퍼해 주어야 한다. 이게 인간미 아닌가. 인간성을 회복하지 못하면 무엇을 해내도 소용없다.

1조 원 이익을 낸다 해도 나는 반갑지 않다. 이것은 진심이다. 인간미 없이는 일류기업이 될 수 없는 이유가 바로 이것이다.

삼성의 제일 큰 문제점은 도덕성 결여다. 도덕은 인간의 기본적 양심이다. 라면 한 봉지를 팔아도 '잘 먹어주었으면 좋겠다' 하는 마음이다. 중장비나 아파트는 사가는 사람에게 재산 1호다. 이런 걸 만들면서 도덕심 없이 어떻게 기업을 하겠는가. 도덕성을 갖추지 못한 기업에서 좋은 물건이 나올 리도 없겠지만, 설령 물건이 나오더라도 반가울 게 하나도 없다.

어떤 일을 하다가 부득이 법률과 도덕 중에 한쪽을 위반할 수밖에 없는 경우를 만나면, 나는 법률을 위반할지언정 도덕은 위반하지 않겠다. 이것이 내 인생관이다. 도덕을 제대로 지키면서 부끄럽지 않게 한번 살아보자는 것이다.

도덕성과 인간미를 갖추면 법은 필요 없는 것이다. 그 다음에 삶의 질을 더 높이면 같은 직장생활을 하면서도 좀 더 유쾌하고 즐거워져서 본인은 물론 주위, 회사도 발전하게 된다. 그러기 위해선 예의범절을 갖춰야 한다. 서양은 법이 앞서고 다음에 도덕이 오지만 동양은 인간미, 도덕, 예의범절이 앞서고 그 다음에 법이 온다.

에티켓은 주로 골프에서 나오는 서양 특유의 불란서 말이다. 예의범절은 개인과 자기 집안이나 자기 사회에 관한 것이고, 에티켓은 남과 만났을 때, 비즈니스맨끼리 모였을 때, 국제상담을 할 때의 질서에 관한 것이다.

인간미·도덕성 회복과 예의범절·에티켓의 준수.

절대로 여기서 벗어나지 말아야 한다. 반드시 지켜야 하는 우리끼리의 약속이며 곧 삼성의 헌법이다. 그러나 이를 지키는 것이 말처럼 쉽지 않다. 그것은 정말 어려운 일이다. 그냥 결심만 한다고 되는 것이 아니다. 더욱이 도덕성과 인간미를 상실한 지금의 조직에서 스스로 인간성을 회복하고 타 부서와 자기 부서의 상사, 동료, 부하를 도덕과 인간미로 움직일 수 있는 사람이 된다는 것이 얼마나 어려운 일이겠는가.

그러나 삼성의 헌법, 우리의 약속은 지켜야 한다.

약속을 지키는 것, 이것이야말로 집단과 나라와 사회를 끌고 가는 기본정신이 아니겠는가. 나는 그렇게 생각한다. 인간미와 도덕성이 결여된 조직은 결코 일류기업이 될 수 없다. 인류에 도움이 되는 조직이라야 영원한 것이다.

인재관리

21C Neo-Management Note

1. 인재발굴

| 사업보국 · 합리추구 · 인재제일 |

삼성하면 우선 인재제일주의, 품질제일주의, 신속한 서비스 등 몇 가지 떠오르는 이미지가 있다. 제일주의는 70여 년에 달하는 삼성의 역사를 관통하는 삼성 정신이자, 삼성의 이미지이기도 하다. 삼성은 창업주인 이병철 회장 시절부터 치밀하게 이런 이미지를 심어왔고, 또한 일단 시작한 사업에서 대개 일등을 함으로써 제일이라는 이미지를 공고히 했다.

이병철 회장이 가장 역점을 둔 경영이념은 인재 제일의 정신이다. 그는 인적 자원을 기업성장의 요체로 보고 기업은 곧 사람이며, 모든 일의 중심 또한 인재라는 사실을 항상 강조했다. 또한 입버릇처럼 유능한 인재를 얼마나 확보하고 키워서 얼마만큼 효과적으로 활용하느냐에 기업의 성패가 달려 있다고 역설했다.

반세기에 걸친 혁신적 경영 과정에서 확인된 이병철 회장의 뛰어난 능력은 유능하고 생산적인 인재양성에서도 읽을 수 있다. 삼성은 1957년, 한국에서는 최초로 공개채용 방식으로 사원을 뽑았다. 그 당시에는 대부분의 회사들이 경영주의 친인척이나 주변 인물의 청탁을 받아 사람을 채용하는 것이 풍토였기 때문에 이러한 공개채용 방식은 새로운 기업풍토를 만들어 냈다.

"나는 족벌경영이 번성하는 사례를 본 적이 없다. 기업이란 모름지기 업무수행 능력을 기준으로 선별한 임직원들로 구성되어야 하는 것이다."

이병철 회장은 평생 인재제일주의에 철저했다. 그는 학연과 지연, 혈연 등을 배제한 채 오로지 능력주의에 입각해 사원을 채용했다. 신입사원을 뽑을 때는 성적과 인성의 비중을 5대 5로 평가하게 했고, 면접시험 때는 직접 참여해서 사원을 선발했다. 인재를 선별할 때 졸업장으로 따지는 서류전형보다는 인터뷰를 더 중시한 이병철 회장의 뜻에 따라 삼성은 사원을 채용할 때 지원자들에게 학력공개를 강요하지 않는 회사가 되었다.

이병철 회장은 또 사람을 고르는 것만큼 사후관리도 철저해서 일단 뽑은 사원들의 능력개발을 위해 끊임없이 사내 교육을 실시했다. 1982년 그는 사원 교육의 현대화를 위해 총 공사비 50억 원을 들어 국내 최초의 기업연수원인 삼성종합연수원을 설립하고, 체계적이고 본격적인 인재양성을 위한 터전을 마련했다.

이병철 회장은 삼성그룹을 창업한 이래 일관되게 합리적인 인재 선발을 고수했고, 인재를 교육시켜 우리나라의 전문경영인 시대를 예고했을 뿐 아니라 인재의 삼성이라는 전통도 확립했다.

이병철 회장은 인재양성에 대해 이렇게 소신을 피력했다.

"뽑을 때 잘 뽑아 잘 기르는 것이 경영자의 책임이다. 경영자로서 내 인생의 80%는 인재양성에 소비했다."

그 결과 한국 기업역사상 인적 자본론(human capital Theory)의 선구자로 꼽히게 되었으며, 자원이 빈곤한 나라에서 인재양성을 통해 경제발전의 비전을 제시한 기업가로 평가받고 있다.

이병철 회장은 인사(人事)는 만사(萬事)라는 말을 즐겨 했고, 유능한 인재의 확보와 효과적인 활용에 기업의 성패가 달려 있다고 역설했다. '의심나는 사람은 쓰지 말고, 쓴 사람은 의심하지 말라(疑人勿用, 用人勿疑)'라는 사상에 입각해 인재를 적재적소에 배치했으며 이러한 용인술은 사업 초창기부터 그 빛을 발했다.

이병철 회장은 6·25 전쟁이 나자 서울에서 이룬 모든 것들을 잃은 뒤 대구로 내려갔다. 그때 그는 자신이 믿고 경영을 맡긴 대구사업장 조선양조에서 3억 원이나 되는 목돈이 비축되어 있다는 보고를 받고 감격의 눈물을 흘렸다. 전쟁으로 전국토가 초토화된 상태에서 3억 원이라는 거금은 패전 직전의 장수가 천군만마를 얻은 것과 같았다. 그는 이 자금 덕분에 피난지인 부산에서 삼성을 재건할 수 있었다.

이것이야말로 일단 채용하면 믿고 맡기는 이병철 회장의 용인철학이 연출한 승리이자 극적인 한 편의 드라마였다.

| 삼성의 인재 육성 |

인재 제일의 전통은 이건희 회장 체제에도 고스란히 이어졌다. 특히 신경영 이후 이건희 회장은 독특한 카리스마를 발휘하면서 수많은 은유적 메시지를 던졌고, 그룹 운영의 전면에 나서서 전 세계에서 인재들을 불러 모았다. 그의 용병술은 1등주의라는 말로 표현할 수 있다.

삼성은 전 세계적 인재 탐색 네트워크를 가동해 국적을 불문하고 세계 최고의 천재급 인재들을 불러들였다. 대표적인 인물이 진대제 전 사장(현 정보통신부 장관), 권오현 사장, 황창규 사장, 임형규 사장, 박상근 전무 등인데 이들은 오늘날 삼성을 세계적 기업으로 만든 주역이 되었다.

결과는 반도체 부문에서 가장 먼저 나타났다.

진대제 전 사장은 미국 스탠포드대학 박사 출신으로 IBM 연구원으로 근무하다가 1985년 스카우트된 후 16메가 D램을 세계 최초로 개발하는 주역이 되었다. 황창규 사장은 미국 매사추세츠대학 박사 출신인데 스탠포드 연구원과 인텔 자문으로 있다가 1989년 스카우트된 후, 1994년에 256메가 D램을 세계 최초로 개발하는 주역이 되었다.

고급 두뇌들의 활약에 힘입어 반도체 분야에서 세계 1위를 달성한 삼성은 다른 분야도 1등을 할 수 있다는 자신감을 갖게 되었고, 공격적인 세계경영에 임하여 초일류기업의 면모를 갖추게 되었다.

삼성전자의 경우 한 번 발탁 된 인재를 지속적인 교육과 관리를 통해 고급 인재로 거듭나게 만드는 시스템을 가지고 있다. 삼성전자 인사팀은 매년 초 250개 문항에 달하는 인사평가 지침을 각 사업부로 내려 보내는데 이 지침은 16개 항목으로 이루어져 있고, 각 팀장들은 부서별 특성에 따라 5~8개 항목을 선택하여 팀원에 대한 평가를 내리고 인사고과를 매긴다.

부서별 특성에 따라 영업 부문은 도전의식, 마케팅 부문은 국제화, 지원 부문은 문제 해결 역량에 높은 점수를 준다. 여기서 반영되는 인사평가 점수는 조직과 조직원 사이의 가치관 일치와 깊은 상관관계가 있는 것으로 알려져 있다. 자기의 적성에 맞은 일을 하는 사람이 높은 점수를 받는 것은 당연한 일이며, 이 점수는 그 사람의 능력을 평가하는 연봉과 직결된다.

1998년부터 시행되고 있는 삼성전자의 연봉제는 철저한 차별주의를 특징으로 하고 있다. 기본급 60% 외에 나머지 40%는 능력급이다. 능력평가에서 최고 점수를 받는 가 등급의 경우 능력급의 최대 130%까지 지급되는 반면, 최하위 등급인 마 등급의 경우 기본급도 제대로 받지 못하게 된다. 거기에 연봉을 근거로 지급되는 PS(Profit Sharing : 이익배분제)까지 포함할 경우 같은 직급이라도 최대 5배 이상의 임금 격차가 벌어진다.

삼성 펠로우라고 불리는 장인(匠人)급 인재들이 있으며 2002년부터 도입해 지금까지 총 8명을 임명했다. 그들은 회사의 사운을 좌우할 만한 인사들이기 때문에 그들에 대한 정보는 비밀로 유지되고 있다.

삼성전자에는 인도의 카스트 같은 신분제도가 있는데 최상층에 S(super)급, 그 아래에 H(Highly potential)급, A급, B급이 있다. S급은 세계적인 경쟁력을 갖춘 해외 석 · 박사급 인재를 말한다. 이건희 회장은 S급 해외인재의 스카우트를 위해서는 회사 전용기까지 내주면서 인재확보를 독려하고 있다. S급 인재 한 사람이 해당 산업의 판도를 바꿀 수 있다고 믿기 때문이다.

삼성은 S급 인재들의 눈부신 활약으로 반도체 부문뿐만 아니라 휴대폰, 디지털미디어 등 전자 전 부문에 걸쳐서 세계 최강의 기술력을 과시하기 시작했다. 그래서 S급 인재에 대한 처우 또한 파격적이다. 인센티브 제도의 신봉자인 이건희 회장은 인센티브는 조직 활성화와 개인의 창의력 발휘의 바탕이 된다는 신념 아래 파격적인 연봉, 과감한 스톡옵션을 주면서 삼성을 인재들의 집단으로 만들고 있다. 이미 삼성의 급료수준은 세계적인 수준에 이르러 있고, 공과에 따라 지급되는 스톡옵션 등의 보상은 다른 국내기업들에 비해 상상을 초월하는 수준이다.

아울러 삼성은 분야별로 자랑스러운 삼성인상 제도를 만들어서 매년 시상하고 있는데, 수상자에게는 5,000만 원의 상금과 1직급 특진이 약속된다. 이건희 회장은 이 상의 수상자 선정에서부터 시상까지를 직접 관장하고 있다. 그는 자료를 꼼꼼히 검토하고, 시상

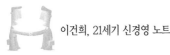

후보들의 면면을 일일이 점검한 후에 시상자를 결정하고 시상도 직접 한다. 거기에는 학벌, 지연 따위가 절대로 영향을 미치지 않는다. 다만 실력이 기준이 될 뿐이다.

2002년 7월 이건희 회장 장학재단을 설립한 것도 천재급 인력의 양성을 위한 것이다. 미국, 유럽, 중국, 러시아, 인도 등의 일류대학 유학생들 중에 100명의 우수학생을 선발해서 1인당 연간 5만 달러를 지원해 미래의 삼성 인재를 키운다는 전략이다.

이러한 고급두뇌들의 활약에 힘입어 반도체 분야에서 세계 1위를 달성한 삼성은 다른 분야에서도 일등을 할 수 있다는 자신감을 가지게 되었고, 공격적인 세계경영에 임하여 초일류기업의 면모를 갖추게 되었다.

뿐만 아니라 삼성의 인사팀은 우수인력의 유치를 위한 해외 채용 팀을 적극 가동하고 있다. 삼성 계열사 인사팀장의 주머니에는 핵심인력 목표와 현황을 적은 보고서가 항상 준비되어 있고, 우수한 인재를 데려오기 위해서라면 회사전용기를 동원한 007작전도 불사한다.

2004년 11월에는 계열사 R&D 인력과 CEO 등 삼성의 과학기술 두뇌 5,000여 명이 참석한 가운데 '삼성학회'를 창립했다. 각 계열사들이 각자 연구해 온 주요기술을 그룹 차원에서 공유하여 시너지 효과를 얻고, 미래성장의 동력을 얻기 위한 노력을 기울이고 있는 것이다.

또한 테크노 MBA제도로 그동안 460여 명의 해외 우수대학 출신 MBA를 양성했다. 삼성은 또 2004년부터 '성균관대 MIT MBA'를 만들어서 2년 간 성균관대학 및 미국 MIT에 연수를 보내는 제도를 시행함으로써 국내 인력의 해외 체험 확대를 통해 국제적 인재를 육성하고 있다.

최근에는 매년 2,000명을 선발해서 전 세계에 파견하는 현지교육 제도인 지역전문가 제도를 시행하고 있다. 그것은 기업의 경쟁력은 곧 인재의 경쟁력이라는 이건희 회장 경영철학의 시대적 요청인 셈이다. 인재경영은 삼성의 제2신경영의 핵심이다.

삼성이 원하는 인재는 한마디로 21세기형 인재라 할 수 있다.

삼성 인력개발연구소 안승준 소장은 21세기형 인재를 디지털 전사(戰士)라고 표현하며 이렇게 말한다.

"창의적이고 유연하면서 국제적인 사람이 디지털 전사입니다. 아날로그 시대에는 주어진 조건하에서 움직이면 됐습니다. 오래 열심히 일하는 것, 충성심이 중요했죠. 디지털 시대는 세계화의 시대입니다. 서열, 연령, 조직, 국경이 사라지고 있어요. 컴퓨터와 인터넷은 디지털 시대의 인간이 부리는 노예입니다. 이 노예들은 지치지 않고 신속하게 많은 일을 해냅니다.

열심히 오래 일하는 것은 컴퓨터와 인터넷이 하고, 사람은 미감유창(美感柔創), 즉 아름답고 감성적이며 유연하고 창의적인 일을 합니다. IT(정보통신기술), 첨단 비즈니스는 한마디로 천재들의 도박입니다. 돌발적이고, 직관을 가지며 늘 새로운 것을 하려는 인재가 필요한 거죠."

 이건희, 21세기 신경영 노트

2. 인재교육

| 신입사원 |

삼성은 젊은이들이 일하고 싶은 일터로 가장 많이 꼽는 회사다. 국내 조사기관들의 각종 조사에 따르면 삼성은 수년 동안 부동의 1위를 고수하고 있다. 그것은 삼성이 기업의 수익성, 성장성, 직원 만족도, 사회공헌 지수, 도덕성 등 모든 부문에서 단연 선두를 달리고 있는 데 따른 현상이다.

최근 한국능률협회가 산업계 간부사원 3,894명과 증권사 애널리스트 126명, 소비자 3,043명을 대상으로 조사한 결과 삼성그룹의 대표적 기업인 삼성전자가 가장 존경받는 기업으로 선정되었고, 삼성의 이건희 회장은 가장 존경받는 기업인으로 선정되었다. 이는 지속적인 혁신능력과 주주가치, 종업원가치, 고객가치, 사회가치를 종합적으로 평가한 결과라 할 수 있다.

그렇기 때문에 많은 젊은이들이 안정적이고 연봉 높은 삼성을 더욱 선호하고 있다. 또한 삼성에는 인재를 중시하고 글로벌 인재로 키워내는 독특한 교육 시스템이 있어서 많은 젊은이들이 입사를 희망하고 있다.

삼성의 사원채용 방식은 크게 두 가지로 나누어진다. 하나는 신입사원 채용방식이고, 또 하나는 경력사원 채용방식이다.

신입사원 채용방식은 서류전형, 업무적성검사, 면접 등을 통한 다른 대기업들의 채용방식과 별반 다르지 않다. 경력사원 채용방식은 삼성만의 독특한 채용방식으로 최상층에 S(super)급, 그 아래에 H급, A급 등 다양한 선택기준을 놓고 인재를 선발하고 있다.

신입사원 채용의 경우 영어실력은 TOEIC을 기준으로 하는데 이 공계는 620점 정도, 인문계는 730점 정도가 커트라인이라고 한다. 하지만 근래에는 응시자들의 영어실력이 부쩍 높아져서 830점 정 도는 되어야 안심할 수 있다고 한다.

거기에 제2외국어를 잘하는 사람에 대한 가산점이 주어진다. 삼 성은 영어를 어학이 아니라 살기 위한 도구로 보는 입장이기 때문 에 영어는 필수이고 영어 이외의 언어, 특히 중국어를 잘하면 입사 에 유리한 고지를 점할 수 있다. 대부분의 지원자가 서류전형에서 걸러지는데 서류전형에서는 전공, 성적, 자기소개서, 공인 어학성 적을 본다. 어떤 이는 삼성에 입사하는 것이 옛날 과거(科擧)를 보 는 것과 같다고 표현하기도 한다.

여기서 중요한 것은 자기소개서다. 자기소개서는 면접 때 중요 한 참고자료가 되기 때문이다. 삼성은 인재제일의 기업이념에 따 라 국내 최초로 공채를 시행한 기업으로 일찍이 직원채용에서 성 적보다는 인성을 더 중시하는 경향이 있는데 자기소개서에 그런 인성이 잘 드러나 있다고 보는 것이다.

삼성이 원하는 인재는 도전정신과 창의력을 가진 패기 있는 젊 은이다. 이런 인재를 선발하기 위해 삼성전자는 서류전형, 삼성직 무적성검사(SSAT : Samsung Aptitude Test), 면접, 건강검진 등 다 소 까다로운 절차를 밟는다. 면접은 기본 인품을 평가하는 1단계 인성 면접과 전문지식을 평가하는 2단계 프리젠테이션 면접으로 나누어 실시한다.

삼성은 좋은 학교에서 좋은 성적을 받은 사람보다는 소프트웨어나 디자인 같은 자신만의 분야에서 미친 사람을 가장 똑똑한 사람으로 친다. 그래서 정규 채용 외에 우수인재를 뽑는 수시 채용 프로그램을 가동하고 있다. 개성과 끼를 소유한 인재를 특이 인재로 구분하고 별도의 전형절차 없이 선발하고 있다.

글로벌 인턴십, 삼성 멤버십, 휴먼테크 논문상 같은 특별한 경로가 이에 해당한다. 이 제도는 소프트웨어, 디자인 부문처럼 끼 있는 연구가 필요한 부문에 적용하고 있는데, 학교와 성적은 묻지 않고 프로젝트 수행 등을 통해 사원을 선발한다. 특이 인재로 발탁되면 고등학교 이전부터 인재를 발굴, 관리하는 추적형 채용 프로그램에 따라 일찌감치 삼성맨으로 채용해 그의 능력을 배가시키는 프로젝트를 수행한다.

대표적인 예가 산학협력 프로젝트인데 석사과정의 1년은 대학에서 공부하고, 1년은 회사에 와서 프로젝트를 수행한 뒤 그것으로 학위를 준다. 단, 그 논문은 학교에서 요구하는 내용이 아니라 삼성에서 요구하는 콘텐츠여야 한다. 박사과정도 마찬가지다. 대학에서 2년, 기업에서 2년을 보내며 조직적인 공부를 해서 학위를 따는 제도이다. 이처럼 삼성에 들어가는 방법은 다양하다.

이건희 회장은 1978년 삼성물산 부회장으로 취임해 경영에 참여하면서부터 공채출신을 우대하는 삼성의 순혈주의를 지키는 한편, 다양한 분야의 인재들을 과감히 영입하자는 잡종(雜種) 강세론을 이병철 회장에게 건의한 바 있다. 1987년 회장 취임 후 이건희 회장은 본격적으로 인사제도에 많은 변화를 주기 시작했다. 대기업

가운데 대졸학력 제한을 가장 먼저 없앴고, 신입사원들에게 가전제품을 팔아오게 하는 식의 교육도 없앴다.

삼성은 신입사원 채용의 관문을 통과한 신입사원들을 철저하게 교육시키는 것으로 유명하다. 삼성은 26박 27일의 합숙을 통해서 신입사원 교육을 강도 높게 실시하고 있다. 무려 600가지가 넘는 콘텐츠가 구비된 온라인 교육을 통해 삼성에 필요한 인재를 개발해 내고 있는 것이다.

삼성에서 신입사원 합격 통보를 받은 사람은 곧 온라인 교육을 받게 된다. 입사 전 온라인 교육으로 신입사원들에게 기초적인 기업정보를 습득케 해서 오프라인 교육의 성과를 높이고, 회사에 대한 로열티를 강화시키는 것이 주된 목적이다.

삼성은 신입사원 교육 홈페이지(http : //cyberedu.samsung.net)를 통해 오리엔테이션을 실시한다. 이 홈페이지에는 삼성의 발전사, 사업현황, 경영이념, 계열사에 대한 정보, 인사정책 등이 담겨져 있다. 이 내용만 충분히 알아도 2~3일분의 교육 프로그램을 숙지한 효과를 거둘 수 있다.

특히 삼성전기는 삼성계열사 중 별도의 온라인 커뮤니티(www.sem.samsung.co.kr)를 오픈했다. 여기에는 기본적인 회사정보와 입사 전 생활 가이드 등이 담겨져 있고, 신입사원 간에 자신을 소개하며 대화할 수 있는 채팅방도 마련되어 있다.

입사 전 교육 프로그램을 시행한 결과 실제로 교육을 받은 신입사원과 교육받지 않은 사원 간에 로열티나 업무적응도 면에서 큰 차이가 난 것으로 알려져 있다. 이 온라인 교육을 마치고 나면 4주간에 걸친 연수원 교육을 받게 된다. 4주 간에 걸친 교육 중 그룹 차원에서 이루어지는 총괄연수가 있다.

| 인재의 현지화 전략 |

삼성은 글로벌 경영을 위해 많은 사원들에게 막대한 투자를 하는 것으로도 유명하다. 우수사원들을 선발해 외국에 연수를 보내는 해외지역 전문가 제도는 이건희 회장이 10년, 20년을 내다보고 실행하고 있다.

이 제도는 1990년부터 시행 중인데, 1년 간 사원들을 해외 각국에 파견해 그곳의 언어와 문화를 습득하게 하는 것이다. 영어, 중국어, 일어는 기본이고 현지어까지 마스터하고 현지인화 되어야 한다. 삼성은 연간 2,000만 달러를 투자하는 이 제도를 통해 그동안 2,500여 명의 해외지역 전문가를 양성했다.

이에 대해 이건희 회장은 이렇게 말하고 있다.

"입사 4년에서 5년이 되는 대리급을 1년 간 외국에 보내 생활하게 하되, 업무 등 의무는 절대로 주지 못하게 했습니다. 그 나라의 언어를 하루 4시간 이상 공부하게 하는 것이 유일한 의무이고, 그 이외에는 모두 자유생활을 하도록 했습니다.

자동차 면허증도 그 나라에서 한 번 더 따도록 하는 등 그 나라에 대해 깊이 이해하도록 하고 있습니다. 독신파견제라고 하는 제도인데, 사원이 젊을 때부터 국제화를 체득하게 하는 제도로 매년

2,000만 달러를 투자해 40개국에 400명을 파견하고 있습니다. 앞으로 2배 내지 3배 정도로 늘릴 계획을 가지고 있고, 과장이나 부장 등 간부급과 이사와 상무까지 확대해 나갈 계획입니다.

또한 해외출장 때 하루 동안은 반드시 관광을 실시하고, 샘플용 선진제품을 구입하면 회사가 지원하도록 하고 있습니다. 밤잠 안 자고 비행기 안에서 녹초가 되어 돌아오는 식의 출장은 더 이상 애사심이 될 수 없으니, 3일 걸리는 일이면 4일 간을 보내 명소도 좋고 어디든지 그 나라의 문화를 익힐 수 있는 곳을 찾아 관광하도록 하고 있습니다."

또 삼성은 스카우트한 해외인력이 빠져나가지 않게 여러 가지 지원책을 내놓고 있다. 20명을 확보하는 것보다 10명을 내보내는 것이 더 나쁘다는 이건희 회장의 지론에 따라 해외인력이 국내에 조기에 안정을 찾게 하기 위해 스카우트 과정부터 접촉해 온 실무자를 일정기간 함께 배치해 업무에 적응하게 도와주고 있다.

삼성은 외국인을 위한 전담조직인 콜센터(call Center)도 운영하고 있는데 주택, 병원, 자녀의 학교, 비자 문제를 해결해 주는 것은 물론 가족들의 불편사항까지도 꼼꼼히 챙기는 24시간 대기 체제로 전천후 지원을 해준다. 기흥과 수원 공장의 식당에는 외국인을 위한 전용식당이 마련되어 있고, 해외인력들의 자녀교육 문제를 원천적으로 해결해 주기 위해 외국인 고등학교 설립도 검토 중인 것으로 알려져 있다.

또 삼성은 해외인력의 경우 우수인재를 국내로 불러오는 데 그

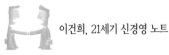

치지 않고, 해외에 연구개발센터를 만들어 생활환경과 문화적 차이 등으로 한국에 들어오기를 기피하는 외국의 인재들을 현지에서 스카우트해 활용하는 전략도 세워 놓고 있다.

삼성은 이렇게 확보한 인재들을 통해 미래 성장산업을 일으키고, 초일류기업으로서의 입지를 더욱더 확고히 한다는 전략이다.

큰 사람 작은 사람

나는 그동안 경영활동을 해오면서 많은 사람을 만나 보았고, 경험도 해 보았다. 조직을 살찌우고 활성화시키는 훌륭한 사람도 보아 왔고, 조직을 망치는 사람도 겪었다.

사람의 유형을 보면 우선 예스맨과 소신파를 들 수 있다. 예스맨은 해바라기형으로 언제나 듣기 좋은 말만 한다. 그러나 자신의 소견은 없다. 문제는 숨기고 본질에 대해서는 모르거나 알더라도 말하지 않는다.

소신파는 일에 대한 자부심이 있고, 프로 기질과 책임감도 있다. 당당하게 주장을 편다. 고집이 세서 타협이 어렵지만 어려울 때 힘이 되는 쪽은 역시 소신파다. 학연, 지연, 혈연을 부지런히 찾아 연줄을 만드는 스파이더맨(거미줄 인간)도 있다. 이들은 실력보다는 연줄로 문제를 해결하려 한다. 이런 유형은 파벌을 조성하여 인화를 해칠 우려가 있으니 경계해야 한다.

권위주의에 젖은 관료화된 인간도 있다. 처음부터 관료주의적인 사람도 있지만 자리가 높아지면서 관료화되는 사람도 적지 않다. 관료주의적 사람 밑에는 권위주의자, 형식주의자들이 많이 모인다. 이들 밑에는 큰 인물이 자랄 수 없고, 자율과 창의가 꽃필 수 없다.

다음으로 생색이나 내고 자기를 과시하는 데 열심인 화학비료형 인간도 경계해야 할 유형이다. 조직에는 음지에서 묵묵히 일하는 퇴비형 인재도 많지만, 화학비료형이 되고자 하는 사람이 더 많은 것 같다.

시간이 오래 걸리고 알아주는 사람이 없더라도, 장기적 안목에서 회사와 후배들을 위해 경영기반과 인프라 확충에 노력하는 사람이 많지 않음은 오늘의 세태 때문일까.

예스맨, 관료화된 인간, 화학비료형 인간들은 모두 공통점을 가지고 있다. 능숙한 말솜씨로 여러 가지를 말하는데 대개 1인칭이 아니라 3인칭 화법을 즐겨 쓴다는 점이다. '내가 하겠다' 가 아니라 '사원이라면 이렇게 해야 한다' 는 식이다.

똑같이 회사생활을 하면서도 어떤 사람은 회사가 꼭 필요로 하는 핵(核)이 되는가 하면, 어떤 사람은 많은 사원 중의 하나, 즉 점(點)이 되는 경우를 자주 보았다. 똑같이 주어진 환경에서 어떻게 이런 일이 가능할까.

이건희 회장 에세이 『생각 좀 하며 세상을 보자』에서

10년 후 우리는 어떤 세상에서 살고 있을까?
21세기를 바라보는 이건희 회장은 미래를 예측하기 보다 미래를
창조하는 것을 중시하고 그런 능력을 갖추도록 노력할 것이라며
얘기하고 있다.

1. 한국적 상황

지금까지 우리는 삼성의 현주소를 살펴보았다.

한국 사회는 20세기 후반, 뒤늦게 산업화 사회를 맞이하여 괄목할 만한 성과를 거둠과 동시에 한 세대가 가기 전에 민주화 시대를 맞이했다. 산업화 시대의 주역들이 현역에서 은퇴하기 전에 민주화 시대를 이룬 새로운 주역들이 정치주도권을 잡게 됨에 따라 산업화 세력과 민주화 세력간의 첨예한 세대간 갈등이 벌어지고 있는 것이 한국 사회의 현 실정이다.

이러한 산업화 세대와 민주화 세대간의 갈등은 세계사에서도 유래를 찾아보기 힘든 현상인데, 새로운 주역인 민주화 세력은 산업화 시대를 이끈 개발독재의 희생양임을 자처하면서 반기업 정서를 만들어 내고 있고, 가진 자와 못 가진 자를 극명하게 대비하는 운동으로까지 이어지고 있다. 이것은 전 세계적으로 좌파 이데올로기가 퇴조하는 가운데 한국에서만 일어나고 있는 기이한 사회현상이기도 하다.

이건희 회장은 이러한 현상을 벌써 예견이라도 한 듯 일찍부터 윤리경영, 나눔과 상생의 경영철학을 강조했다. 그는 각 계열사에 윤리경영을 실시할 것을 지시했고, 그것을 경영성과로 보고하게 하고 있다.

하지만 작금에 우리 사회에서 펼쳐지고 있는 반기업 정서가 삼성을 국민기업으로 만들어 나가려는 노력에 많은 어려움을 주고 있는 것도 사실이다. 삼성은 소액주주운동의 표적이 되면서 경영 외적인 부분에도 신경을 써야 하는 상황이다. 최근 이건희 회장은 사석에서 답답한 심정을 이렇게 털어놓았다고 한다.

"삼성과 부딪쳐 성과를 얻어내면 한국의 재벌문제가 해결된다고 믿고 너나없이 삼성을 타깃으로 삼는 의도를 이해 못 하는 바 아니지만 우리에겐 커다란 부담이 되고 있다."

무엇보다도 중요한 것은 삼성이 제2의 신경영, 나아가서 10년, 20년 후의 미래경영에 성공하기 위해서는 앞으로 이런 기업가 정신을 북돋아주고, 장려해 주는 사회 분위기가 필수적이라고 할 수 있다.

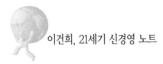
이건희, 21세기 신경영 노트

| 기업의 사회적 사명 |

잘 알려져 있다시피 이병철 회장이 내세운 삼성의 창업정신은 사업보국·합리추구·인재제일이다. 그런데 이 세 가지 중에서도 이병철 회장이 가장 역점을 둔 경영이념은 인재 제일의 정신이다. 이병철 회장은 자원과 자본, 노동력 등의 생산요소 중 특히 인적자원을 기업성장의 요체로 보았다. 그래서 기업은 곧 사람이며, 모든 일의 중심 또한 인재라는 사실을 항상 강조했다.

그는 입버릇처럼 기업은 곧 사람이다. 유능한 인재를 얼마나 확보하고 키워서 얼마만큼 효과적으로 활용하느냐에 기업의 성패가 달려 있다고 역설했다.

1982년 준공된 용인의 삼성종합연수원(지금의 삼성인력개발원) 로비 벽에는 다음과 같은 이병철 회장의 친필 현판이 걸려 있다.

『국가와 기업의 장래가 모두 사람에 의해 좌우된다는 것은 명백한 진리이다. 이 진리를 꾸준히 실천해 온 삼성이 강력한 조직으로 인재양성에 계속 주력하는 한 삼성은 영원할 것이며, 여기서 배출된 삼성인은 이 나라 국민의 선도자가 되어 만방의 인류행복을 위하여 반드시 크게 공헌할 것이다.』

이러한 이병철 회장의 경영철학은 자원이 빈곤한 우리나라의 인재양성을 통한 경제발전의 비전을 제시했다. 이병철 회장은 평소 큰 사업을 하는 것이나 구멍가게를 경영하는 것이나 같다고 하면서 이런 말을 자주 했다.

"나무 하나를 관리하고 돼지 한 마리를 키우는 것이나 회사를 경영하는 것이나 그 원리가 다를 바 없다. 나무 하나가 결국 수십만 주의 과수를 관리하는 것이며, 돼지 한 마리 관리하는 것이 4~5만 두를 관리하는 것이다. 그러니 한번 잘못된 것을 발견하면 아무리 작은 것이라도 끝까지 철저히 챙겨서 고쳐야 한다."

사업이라고 하면 대단해 보일지 모르지만 사소한 것을 얼마나 중요하게 여기는가에 승패가 달려 있고, 조금이라도 잘못된 것이 있으면 완벽한 수준에 도달할 수 있게 개선하려고 노력해야 한다는 것이 이병철 회장의 생각이다. 이는 큰 사업을 하는 것이나 채소가게를 경영하는 것이나 그 원리가 똑같다고 한 잭 웰치의 말과 비슷한 맥락이라 할 것이다.

이병철 회장은 기업경영에 대해 다음의 세 가지 점을 특히 강조하고 있다.

첫째, 시대가 요구하는 사업을 해야 한다.

실제로 이병철 회장은 생산기반이 철저히 파괴된 해방 이후 한국전쟁 전후의 기간 중에는 무역업에 종사해 물자부족에 대비했고, 전후 재건 시기에는 제당과 모직 등 수입대체산업에 진출했다. 그리고 1960년대 이후 경제개발 시대를 맞이해서는 경공업이 아닌 삼성전자, 삼성중공업 등 핵심기술 사업에 진출해서 지금의 삼성그룹을 형성했다. 이병철 회장은 다음과 같이 말했다.

"국민이 소비재를 필요로 할 때는 소비재를 만들어야지 중공업

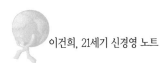

이나 조선을 해서는 안된다. 그 시대에 맞는 것, 국민이 요구하는 것을 만들어야 기업도 사회에 기여하게 되고, 기업 자체도 영속할 수 있다."

둘째, 기업의 부실화는 사회악이다.

이병철 회장은 삼성의 임직원들에게 삼성과 같은 대기업이 어려움을 겪는다면 그것은 한 기업의 불행일 뿐만 아니라 국가와 사회에 엄청난 손실을 가져오게 된다는 점을 명심해야 한다고 말했다.

"기업의 역할은 동포들에게 일자리를 제공하는 것이다. 기업이 이윤추구를 하는 것, 그 자체에는 아무런 문제가 없다. 문제는 기업이 적자를 내 일자리를 제공하지 못하는 경우에 있다. 기업이 적자를 내는 것은 큰 죄를 범하는 것이다."

실제로 이병철 회장은 50년이라는 긴 세월 동안 수많은 기업들을 창업하고 육성했지만 그 중 부실기업은 단 한 개도 없었다.

셋째, 모든 기업은 공존공영 해야 한다.

이병철 회장은 공존공영에 대해서 이렇게 말하고 있다.

"가령 제당을 한다고 가정하면 원료를 파는 사람을 항상 유익하게 해줘야 계속해서 원료를 공급받을 수 있다. 또 시설재를 공급하는 분에게도 적정이익을 보장해 줘야 항상 알맞은 것을 공급받을 수 있다. 제품을 만드는 종업원에게도 생활비를 보장해 줘야 열심히 일할 것이고, 자신의 물건을 파는 대리점에도 이익이 남게 해줘야 대리점을 계속 운영할 것이다.

소비자 역시 물건이 좋고 값이 싸야 사지 비싸고 질이 나쁘면 안 살 것이다. 기업가들이 처음부터 돈만 버는 것을 목표로 해서는 안 된다. 오히려 세상에 도움이 되고 필요한 사업을 하면 자연히 번영하게 될 것이고, 돈은 저절로 벌리게 되는 것이다. 기업의 성공과 경제적 발전에 있어서 가장 중요한 요소는 바로 공존공영이다. 경쟁도 중요하지만 기업하는 사람들은 더 큰 동기를 위해 서로 돕는 법을 배워야만 한다."

이병철 회장의 경영 철학은 일본의 마쓰시타나 미국의 아이아코카, 잭 웰치의 경영철학과 함께 대표적인 공존공영의 철학이라고 볼 수 있다.

2. 1등주의의 한계

| 삼성웨이를 계속 구가할 수 있을까? |

일본 최고의 기업 도요타에는 도요타 웨이(TOYOTA Way)라는 것이 있다. 2001년에 도요타가 발표한 책자 『도요타 웨이』는 도요타 경영이념의 양대 축을 지혜와 개선, 인간성 존중으로 요약하고 있다.

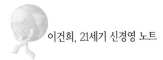

도요타는 전후 노동쟁의와 도산 위기를 겪으면서 구미업체들과 경쟁하기 위해서는 인적자원의 역량을 최대한 이끌어 낼 수밖에 없다는 결론을 내렸으며, 이것이 개선의 원점이 되었다. 도요타는 직원들의 제안을 경영에 적극적으로 반영함으로써 기업을 젊게 하고 융통성이 큰 조직으로 변신시켜 왔다.

　2004년 경제전문잡지 〈비즈니스위크〉의 발표에 따르면, 도요타는 이러한 도요타 웨이를 발판으로 삼아 브랜드 가치 226억 달러로 세계 9위의 기업으로 성장했다.

　단일기업 도요타의 매출은 국가경제규모(GDP)로서 그리스 다음가는 세계 28위에 해당한다고 한다. 그런데 그런 도요타에서 요즘 삼성을 배우자는 움직임이 일고 있다. 2000년대 들어 삼성이 비약적인 발전을 거듭하자 도요타식 경영 철학을 의미하는 도요타 웨이에 이어 삼성 웨이(SAMSUNG Way)라는 말이 생겨났기 때문이다.

　삼성 배우기 열풍은 도요타뿐만 아니라 전 세계로 확장되어 나가고 있다. 최근 몇 년간 도요타 배우기 열풍에 휩싸였던 전 세계가 빠르게 삼성으로 눈길을 돌리고 있다. 도요타 모토마치 공장을 견학하기 위해 일 년 내내 몰려들던 각국 기업의 발길이 삼성전자 수원 공장에서도 재현되고 있는 것이다.

　삼성 배우기 열풍은 중국과 동남아시아는 물론 아프리카 대륙까지 번져 나가고 있다. 2005년 미국의 경제전문주간지 〈포춘〉은 세계에서 가장 존경받는 기업 중 삼성전자를 39위로 선정했는데, 이는 한국 기업으로서 글로벌 100대 기업에 처음 들어선 쾌거이기도 하다. 이로써 삼성전자는 진정한 초일류 글로벌기업으로서의 위상을 보여주게 되었다.

그러나 국내에서는 고대 사태가 단적으로 보여주듯이 삼성에 대한 대우가 매우 야박한 실정이다.

이른바 삼성공화국에 대한 비판여론이 급속히 형성되어서 삼성 견제론까지 등장하고 있는 것이다.

이에 대해서 한 칼럼리스트는 이렇게 쓰고 있다.

『우리 사회는 일등을 칭찬하는 데 인색하다. 특히 상대방의 장점과 약점, 공(功)과 과(過)를 객관적으로 평가하는 균형감각이 부족하다. 장점과 공은 외면하고, 약점과 허물만 부풀려서 편 가르고 매도하는 분위기가 분명히 있다.

반대를 위한 반대를 업(業)으로 하는 직업 안티(anti)꾼들이 우리처럼 목소리를 높이는 나라도 드물 것이다. 이번 고려대학교 사건도 그런 연장선상에서 볼 수 있다. 한국의 지성들이 모였다는 대학에서 말도 안 되는 돌출행동이 되풀이되는 배경에는 우리 사회에 존재하는 일등 끌어내리기의 뒤틀린 정서가 깔려 있다.

사실 우리 사회에서 삼성 배우기가 가장 절실한 부문은 대학 아닌가. 창립 100주년을 맞아 민족 고대에서 글로벌 고대로 변신을 천명한 대학이라면 더욱 그렇다. 우리 대학들이 정말 세계 속의 대학으로 나아가려면 삼성식 경영을 전문적으로 연구하는 삼성학과를 만들어도 부족하다.』

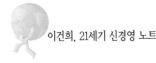

이건희, 21세기 신경영 노트

고대 사태 이후 삼성 수뇌부는 삼성이 진정한 국민기업이 되는 길을 찾는 데 골몰하고 있다. 그동안 삼성이 앞만 보고 질주한 결과 세계적 초일류기업을 일구어 내고 삼성 신화를 만들어 냈지만, 너무 앞만 보고 질주한 결과 일반 국민과 소외계층에 대한 배려가 부족했다는 점 등에 주목하고 진정한 국민기업이 되는 방안을 암중모색하는 것이다.

삼성은 1%의 비판세력도 포용하는 자세를 계속 견지하는 새로운 삼성 웨이를 만들어냄으로써 고속성장의 신화를 계속 이어 나가야 할 것이다.

| 국민경제를 어떻게 선도할 것인가? |

현재 삼성은 국가경제의 20%가 넘는 경제규모를 가지고 국민경제에 지대한 역할을 담당하고 있다. 삼성의 매출액은 국가총생산의 17%, 주식시장 시가총액의 23%, 국가수출액의 21.4%, 세수의 9%를 차지하고 있다.

삼성의 이러한 실적은 경제 분야에만 영향을 미치는 것이 아니라 정치, 사회, 문화 등 각 분야에서 커다란 반향을 일으키고 있다. 우선 삼성경제연구소 등의 삼성 브레인들은 국민소득 2만 달러, 산업혁신 클러스터, 기업도시 등 정책 의제까지 선점하면서 정부 관료의 머리를 완전히 압도했고, 삼성의 정보팀은 정부보다 앞서서 정보를 수집하고 있다.

또한 삼성출신의 장관과 정치인들을 다수 배출하면서 경제뿐만 아니라 정치 분야에서도 삼성의 인맥이 다수를 점하기 시작했다.

삼성의 힘이 이렇게 커지자 일부 사회단체에서 삼성비판론을 들고 나왔다. 이 삼성비판론이 가파르게 표출된 것이 최근에 이건희 회장의 명예박사학위 수여식 때 일어난 고려대 사태이다. 이 사태 이후 이 회장은 삼성 사장단을 불러 모아 삼성 경계론에 대한 대응책을 찾는 대책회의를 열었다.

삼성 임원들은 이날 회의에서 우리 사회의 영향력과 신뢰도에서 삼성이 모두 1위라며 도대체 무엇을 잘못했느냐? 고 불만을 말하기도 했지만 곧 이러한 삼성비판론도 겸허하게 받아들이자는 쪽으로 의견이 모아졌다.

많은 임원들은 일부 비판을 사회경제적 박탈감이나 반기업 정서 등에 따른 것으로 돌리면서도 사회분위기가 심상치 않다는 결론을 내렸다. 이 대책회의에서 삼성 사장단은 이런 결의를 다졌다.

『한국의 대표기업으로 성장한 이상 단 1%의 반대세력이 있더라도 포용해 진정한 국민기업으로 정착할 수 있도록 박차를 가하겠다. 단순히 좋은 기업에서 존경받는 기업으로 도약하기 위해서는 사회경제적 박탈감으로 인한 비판여론을 충분히 고려해야 한다는 판단에 따라 이런 방안을 마련했다.』

그러면서 삼성 사장단은 국민으로부터 존경받는 국민기업이 되기 위해 사회공헌과 커뮤니케이션의 강화 등 세 가지 실천방안을 발표하고, 좀 더 강도 높은 나눔과 상생경영을 통한 윤리경영에 매

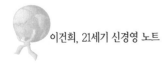
이건희, 21세기 신경영 노트

진할 것을 다짐했다.

삼성의 독주에 대한 우려와 비판의 목소리를 허심탄회하게 듣고 국민들에게 사랑과 존경을 받을 수 있는 방안을 사장들이 직접 논의해 보라는 이건희 회장의 지시에 따라 삼성은 스웨덴 발렌베리 그룹에 대해 집중연구 중인 것으로 알려졌다.

발렌베리 그룹은 에릭슨(통신), 사브(자동차, 비행기 엔진), ABB(엔지니어링), 스카니아(트럭), 아스트라(제약), 일렉트로룩스(가전), SEB(금융) 등 세계적인 기업을 거느린 스웨덴의 국민기업이다. 고율의 세금과 사회보장부담금으로 사회에 공헌하면서 국가경제 공헌도가 삼성보다 훨씬 크고, 국가 내 국가로 불리면서도 국민의 사랑을 받고 있다.

발렌베리 그룹은 5대에 걸쳐 오너 경영을 해온 대표적인 재벌가문이다. 이 가문은 부와 경영을 세습했지만 고율의 소득누진세를 내고, 노조의 경영참여를 수용하며 불황기에는 적극적인 고용 투자에 나서 스웨덴 국민들의 존경을 받아왔다. 2003년 7월에는 이건희 회장이 발렌베리 그룹을 방문하기도 했다.

어쨌든 고대 사태 이후 삼성은 주요 계열사 사장들과 그룹 구조조정본부 팀장들이 참여하는 사장단 회의를 2차례나 열어서 정부와 투자자 · 시민단체 등과의 커뮤니케이션 채널 다양화, 사회공헌활동과 협력업체 · 중소기업 지원 강화 등의 내용을 담은 국민기업 정착을 위한 경영전략을 마련했다고 밝혔다.

이는 삼성의 영향력이 지나치게 커지면서 무소불위의 권력을 휘두른다는 이른바 삼성공화국에 대한 비판여론이 급속히 형성되고 있는 데 따른 것이다. 실제로 삼성은 한국 경제에서 절대적 비중을 차지하는 것은 물론 정·관계와 언론계, 학계 등 사회 각 분야에서 영향력이 나날이 커지고 있다.

삼성이 비판적인 사회분위기를 적극적으로 수용하겠다고 밝힌 것은 일단 여론의 표적에서 벗어나기 위한 의도로 풀이된다. 그러나 단순히 돈 잘 버는 기업에서 국민의 사랑을 받는 기업으로 변신하기 위한 진지한 고민을 이제부터라도 시작해야 할 것이다.

　바다거북은 산란기가 되면 바닷가로 올라와 500개에서 많게는 1,000개에 이르는 알을 낳는다. 어미 거북은 먼저 모래 속 깊이 구덩이를 판 다음 100개 정도의 알을 무더기로 낳은 후 모래를 끌어모아 그 위를 덮는다. 이런 식으로 10여 차례에 걸쳐 알을 낳는다.

　그런데 이렇게 무더기로 낳은 알에서 부화한 새끼거북들은 어떻게 모래웅덩이를 빠져 나올까? 100마리나 되는 새끼들이 뒤엉킨 상태에서 과연 그 좁은 구덩이를 빠져 나올 수 있을까?

　동물학자들이 관찰한 결과 새끼거북들은 역할분담과 협력을 통해 빠져 나온다는 것이 밝혀졌다. 구덩이에서 막 깨어난 새끼들 중 꼭대기에 있는 녀석들은 천장을 파내고, 가운데에 있는 것들은 벽을 허물고, 밑에 있는 새끼들은 떨어지는 모래를 밟아 다지면서 다함께 모래 밖으로 기어 나오더라는 것이다.

　또 실험하면서 알을 한 개씩 묻어 놓았더니 27%, 두 개씩 묻어 놓았을 때에는 84%, 네 개 이상을 묻어 놓으면 거의 100%가 알에서 깨 구덩이 밖으로 탈출했다고 한다. 이처럼 새끼거북들은 협력을 통해 구덩이에서 탈출하는데 성공한다.

　오늘날 세계의 흐름 역시 반목과 대립에서 벗어나 경쟁자에게도 내 것을 주고 협력함으로써 더 큰 것을 얻는 방향으로 가고 있다. 그러나 국내 사정을 돌아보면 우리는 아직도 좁은 테두리의 소모적 상쟁(相爭)에서 벗어나지 못하고 있다.

　파이를 키우기보다 얼마 되지도 않는 파이를 나누는 데 귀중한 시간과 정력을 소비하고 있다. 원래 나눌 몫이 적다 보면 피를 나눈 가족 간에도 이기적인 갈등과 대립이 생기게 마련이다. 아직 우리는 파이를 더 크게 키우는 일에 힘을 쏟아야 하는 단계에 있다.

대승적 차원에서 서로 양보하고 화합하는 상생의 길이 장래 더 큰 몫을 가져다주는 지름길이 될 것이다.

이건희 회장 에세이 『생각 좀 하며 세상을 보자』에서

1. 후계구도

| 3세 경영으로의 후계체제는 가능할까? |

이건희 회장은 3남으로서 삼성호의 선장이 되었다.

그는 황태자 수업이라고 불리는 강도 높은 경영훈련을 받은 사람답게 삼성을 지켜냈고, 크게 성장시켰다. 몇 해 전 이건희 회장의 암 투병 사실이 알려지면서 삼성 내부는 물론 세간에서도 3대 회장 체제에 대해 많은 관심을 보였다. 3대 회장으로 거론된 사람은 당연히 이건희 회장의 외아들 이재용 삼성전자 전략경영팀 상무였다. 이 상무는 변칙증여와 이에 따른 탈세 등을 문제 삼는 참여연대와 같은 시민단체들의 반대운동에도 불구하고 삼성호의 다음 선장이 될 것으로 보인다.

삼성은 그동안 이재용 상무를 후계자로 만들기 위해 다양하고 철저한 경영자 수업을 시켰고, 법적으로도 후계자로 만들기 위한 모든 준비를 끝낸 것으로 보인다. 현재 이재용 상무는 설사 이건희 회장이 경영권을 물려주지 않겠다고 결정하더라도 이에 상관없이 삼성 계열사들을 지배할 수 있는 소유권을 가지고 있다.

이재용 상무는 그룹 지주회사격인 삼성에버랜드의 지분을 25.1% 가지고 있는 최대주주이고, 삼성SDS 10.1%, 삼성투신운용 7.72%, 삼성전자 9% 등의 지분도 가지고 있다. 이재용 상무가 가장 많은 지분을 가지고 있는 삼성에버랜드는 삼성생명의 지분을 19.34% 가지고 있는데, 삼성생명은 삼성전자 6.98%, 삼성물산 4.7%, 삼성화재 9.9%, 삼성증권 5.5%, 삼성투신운용 45.4%의 지분을 가지고 있다. 삼성그룹의 지배구조에 가장 큰 영향력을 미치는 또 하나의 지주회사인 것이다.

이렇게 소유구조의 정점에 서 있으므로 이재용 상무의 경영권 승계 작업은 이미 마무리 단계에 있다는 것이 재계의 시각이다. 아주 특별한 돌출변수가 작용하지 않는 한 후계자 문제는 일단락이 지어졌다고 보아야 할 것이다.

이재용 상무는 서울대 동양사학과를 나온 후 일본 게이오대 석사, 미국 하버드대 박사과정을 거쳤다. 그 후 삼성에 입사해 2001년 33세에 상무보로 처음 임원이 된 뒤, 2년 만인 2003년 초 상무로 승진한 후 오늘에 이르고 있다.

이재용 상무의 경영 참여가 본격적으로 가시화된 것은 2001년 초반부터였다. 그때부터 이재용 상무는 상상을 초월할 정도로 치

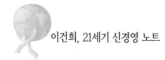

밀하고 조직적으로 치러지는, 이른바 제왕학이라고 불리는 경영자 수업 코스를 거친 것으로 알려져 있다.

특히 이재용 상무는 2002년 까다롭기로 유명한 미국 GE그룹의 크로톤빌 연수원에서 실시하는 최고경영자 양성 과정(EDC : Executive Development Course)의 연수를 받음으로써 국제적으로 공인된 최고의 경영자 수업을 받은 후계자가 되었다. 이재용 상무가 이 연수에 참가할 수 있었던 것은 당시 GE그룹 회장으로 선임된 제프리 이멜트 GE 회장이 한국을 방문해 이건희 회장과 한남동 승지원에서 만났을 때 특별히 초청한 덕분이었다.

이재용 상무는 연수에 참가하기 위해 철저한 준비를 했고, 이 연수를 통해 글로벌 비즈니스 리더가 되고 최고경영자가 되는 법을 배웠다. 이 외에도 제프리 이멜트 GE그룹 회장, 니시무로 다이조 도시바 회장, 잭 웰치 전 GE그룹 회장 등 세계적인 기업인과 만났고, 주룽지 전 중국 총리, 자크 로게 IOC 위원장, 앨빈 토플러 등과도 만나 국제 경제·정치 분야의 리더들과 두터운 교분을 쌓는 경영수업도 받은 것으로 알려져 있다.

그는 상무보 시절 용인 인력개발원에서 다른 임원들과 똑같이 먹고 자며 경영수업을 시작한 것으로 유명한데 그 후에도 2004년 3월 신라호텔에서 열린 신임임원 상견례, 7월 보광휘닉스파크에서 개최된 신입사원 수련회에도 참석해 일반직원과의 스킨십을 강화해 나가고 있다. 그는 또 수원, 탕정, 천안 등 삼성전자 지방공장을 돌 때면 직원식당에서 식사를 같이하며 직원들과의 스킨십에도 주력하고 있다.

이재용 상무는 경영수업만 받는 것이 아니라 최근 들어 실제로 많은 부분에서 경영에 참여하고 있다. 그는 2004년 삼성전자와 소니의 합작사인 S-LCD의 등기이사로 참여하면서 경영일선에 한 걸음 더 다가섰다.

이재용 상무는 그동안 구미와 탕정 등 국내 공장은 물론 브라질, 헝가리, 슬로바키아, 말레이시아 등 해외 공장을 누비며 현장에서 경영감각을 익혔다. 최근에는 중국의 도시바 노트북 공장, 일본의 도요타 자동차 라인 등도 찾아다니며 경영 노하우를 배우는 등 부지런히 경영자 수업을 진행하고 있다.

이 상무의 이러한 경영수업은 삼성의 경영에 직접적인 영향력을 행사하는 것으로 알려지고 있다. 그 예로 얼마 전 삼성그룹에서는 도요타의 생산방식인 TPS(도요타 생산 시스템)를 배우자는 운동이 있었는데, 이는 이 상무가 도요타에서 TPS 연수를 받으면서 즉시납기(Just in Time)를 통해 낭비를 최소화시킨 칸반 시스템 등 도요타의 생산방식에 크게 감명 받고 도요타 벤치마킹을 강화하자는 주장을 폈기 때문이라고 한다.

최근 이건희 회장이 삼성전자를 제외한 삼성 계열사의 등기이사 직에서 연달아 물러난 것을 두고 재계에서는 이재용 상무에게 그룹경영권을 넘기기 위한 수순 밟기이며 이 상무의 입지를 더 공고히 해주기 위한 사전 정지작업이라고 보는 시각이 많다.

특히 이건희 회장이 이재용 상무가 최대주주로 있는 삼성에버랜드 등기이사에서 퇴진함에 따라 필요할 때 이재용 상무가 그 빈자리를 채우면서 자연스럽게 그룹 경영에 참여하는 모양새를 만들어

갈 것이라는 전망이 나오고 있다.

| 이재용은 누구인가? |

이재용 상무는 이건희 회장이 미국 조지워싱턴대 경영대학에 유학하고 있을 무렵인 1968년 6월 23일 미국 워싱턴에서 태어났다. 1984년 서울 청운중학교를 다녔는데 청운중학교는 당시 명문가 자제들이 많이 다니던 곳이었고, 매제인 김재열 제일모직 상무가 그의 청운중학교 동창이다.

중학교를 졸업한 그는 경복고등학교에 진학했고, 학업성적이 우수해서 항상 상위권을 지켰는데, 특히 영어와 수학 성적이 우수했다. 그의 고교 생활기록부에는 명랑하고 쾌활하며, 매사에 적극적인 성격이라고 적혀 있다고 한다.

이재용 상무가 자랄 때 가장 큰 영향을 끼친 사람은 할아버지 이병철 회장이라고 한다. 이병철 회장은 아들 이건희 회장에게처럼 손자에게도 내 생각을 말하기 전에 남의 말을 먼저 들으라는 당부를 자주 해서 이 상무의 좌우명도 이건희 회장처럼 경청(傾聽)이라고 한다.

또 이재용 상무가 서울대 동양사학과로 진학한 데는 이병철 회장의 조언이 크게 작용했다고 한다. 대학 전공을 놓고 고민하고 있을 때 이병철 회장은 다음과 같이 충고했다.

"경영자가 되기 위해서는 경영이론을 배우는 것도 중요하지만 인간을 이해하는 폭을 넓히는 것도 중요하다. 이 때문에 교양을 쌓는 학부과정에서는 사학이나 문학과 같은 인문과학을 전공하고, 경영학은 외국 유학을 가서 배우면 좋을 듯하다."

이재용 상무는 조부의 조언을 받아들여 서울대 인문대 동양사학과로 진학했다. 그래서 그는 한자와 동양의 역사에 능통하고, 중국과 한국의 고문을 독해할 수 있을 정도의 실력을 갖추게 되었다. 서울대를 졸업한 뒤에는 일본 게이오대 경영대로 진학하게 된다. 그가 미국이 아닌 일본 유학을 결심하게 된 데는 젊은 시절 일본 유학을 하면서 많은 것을 배운 아버지 이건희 회장의 조언이 크게 작용했다.

"우리가 앞으로 배워야 하고 사업을 많이 해야 하는 나라는 일본과 미국이다. 미국을 먼저 보고 나서 일본을 나중에 보면 일본 사회의 특성, 일본 문화의 섬세함과 일본인의 인내성을 알지 못한다. 유학을 가려면 일본에 먼저 가라."

그래서 이재용 상무의 외국 유학은 아버지와 유사한 과정으로 진행되었다. 이건희 회장은 와세다대를 나와 미국 조지워싱턴대에서 공부했는데, 이재용 상무도 일본 게이오대 경영대학원에서 석사과정을 마친 후 미국 하버드대 비즈니스 스쿨에서 박사 과정을 밟게 되었던 것이다.

1995년 이재용 상무는 게이오대 경영대학원에서 『일본 제조업

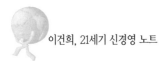

산업공동화에 대한 고찰』이라는 제목의 논문으로 MBA를 취득했다. 이 논문은 제조업이 엔고 등으로 비용구조가 높아지자 해외진출로 활로를 모색하는 일본 기업들을 연구한 내용이었다.

일본에서 MBA를 취득한 이 상무는 1996년 미국 하버드대 행정학 코스인 케네디 스쿨로 유학을 떠났다가 그 후 경영학을 전공하는 비즈니스 스쿨로 옮겼다. 미국 유학 5년 동안 미국 재계의 유명인사들도 자주 만났고, 뉴욕 월스트리트를 찾아가 국제 금융시장에 대한 지식을 쌓는 데 많은 노력을 기울였다.

이재용 상무는 1998년 6월 자신보다 아홉 살 아래인 대상그룹 임창욱 명예회장의 맏딸 임세령 씨와 결혼했다. 두 사람이 만나게 된 것은 이 상무의 어머니 홍라희 여사와 장모 박현주 여사가 불교도 모임인 불이회 멤버로 서로 친하게 지내는 사이였기 때문이다.

지금까지 이재용 상무의 삶은 비교적 순탄하게 이어져 왔고, 훌륭한 경영수업도 받아왔다. 경영수업을 잘 받았다고 해서 반드시 훌륭한 경영자가 되는 것은 아니지만 훌륭한 교육을 받은 사람은 훌륭한 경영자가 될 수 있다는 것을 이미 아버지 이건희 회장이 보여주고 있는 셈이다.

2. 미래사업과 미래전략

| 기업가가 사회를 바꾼다 |

피터 드러커(Peter Drucker)는 미래경영(Managing for the

Future)이라는 책에서 이렇게 전망하고 있다.

『지식사회에서는 조직 내에서 상사와 부하 구분도 없어지며, 지시와 감독이 더 이상 통하지 않을 것이다.』

즉 리더가 부하들보다 우월한 위치에서 부하들을 이끌어야 한다는 기존 리더십 패러다임에서 부하들을 위해 헌신하며 부하의 리더십 능력을 길러주기 위해 노력하는 리더십 패러다임으로 전환해야 한다는 것이다. 갈등을 봉합하고 조직 내부는 물론 외부 조직과 통합을 도모하기 위해서는 눈높이를 낮추고 조직 구성원에게 귀를 기울이는 리더십으로 시급히 전환해야 한다는 것이다.

또 타인 위에 군림하기 보다는 타인을 위한 봉사에 초점을 두고, 종업원은 물론 고객과 커뮤니티를 우선으로 여기며 그들의 욕구를 만족시키기 위해 헌신하는 리더십이 필요한 시점이다.

이처럼 현대에 이르러 피터 드러커를 비롯한 많은 경제학자들이 기업의 이익은 곧 공공의 이익이라는 공존공영의 경영철학을 강조하고 있다. 결국 기업가와 노동자와 소비자는 서로가 속해 있는 사회와 국가, 세계 경제의 질서 속에서 공존공영하며 살아가는 존재라는 인식의 전환이 필요하게 되었다.

특히 21세기에 이르러 인류는 정보통신 혁명에 따라 지식기반 사회로 패러다임이 바뀜으로써 사람은 물적 자원과 다른 방식으로 인식되기 시작했다. 21세기 지식기반 사회는 어떤 자원보다 사람이 중요하다는 새로운 기업문화의 시대를 열게 된 것이다.

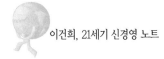
이건희, 21세기 신경영 노트

피터 드러커에 따르면 기업의 CEO는 의도적이든 아니든 공인(公人)이며, 경제적 성과의 달성을 위한 관리적 기능과 그 성과에 대한 사회적 책임(Social Accountability)을 지닌 존재이다. 다시 말하면 CEO는 자신이 경영하는 기업의 리더일 뿐만 아니라 사회 조직 전반을 움직이는 리더로서 회사의 직원은 물론 주주, 소비자, 지역사회를 리드하고 사회를 변화시키는 창조력을 발휘해야 하는 사람이라는 것이다.

현대의 뛰어난 경영자는 기업, 주주, 노동자, 소비자가 다른 세계를 사는 것이 아니라 서로의 역할이 다를 뿐이라는 점을 인식하고 있다. 그는 사회 전체적으로 볼 때 기업은 생산자인 동시에 노동자이고, 기업을 구성하고 있는 모든 사람들은 궁극적인 소비자라는 것을 인식하고, 이해관계를 맺고 있는 모든 집단과 사회에 대한 봉사를 강조하고 실천한다. 또한 그들은 상품을 만드는 것도 사람이며, 소비하는 주체도 사람이라는 것을 정확히 인식하고 있다.

GE를 성공적인 기업으로 이끌고 명예롭게 퇴임한 잭 웰치는 다음과 같이 말했다.

"모든 사람들은 사회에 있어서의 회사의 역할에 대해 다양한 관점을 갖고 있다. 나는 사회적 책임을 다하기 위해서는 강력하고 경쟁력 있는 회사를 갖추어야 한다고 믿는다. 오직 건강한 회사만이 사람 및 지역의 삶을 개선시키고 풍요롭게 만들 수 있다. 바로 이것이 CEO의 주된 사회적 책임이 회사의 재정적인 성공을 이루는 것이라고 말하는 이유이다. 오직 건강하고 성공적인 회사들만이 올바른 일을 할 수 있는 자원 및 능력을 가질 수 있게 된다.”

| 신수종 육성사업 |

오늘날 삼성의 성공은 신경영을 통한 빼어난 통찰력의 승리라고 볼 수 있다. 신경영의 백미는 이른바 신수종(新樹種) 육성사업에서 찾아 볼 수 있을 것이다. 이건희 회장은 앞날을 내다보는 경영만이 미래 세계를 지배할 수 있다고 기회 있을 때마다 강조하고 있다.

삼성은 이러한 회장의 기대에 부응하기 위해 1997년 3월, 사업 구조 개선을 위해 사업을 네 가지로 분류하고 대응책을 마련했다.

이 네 가지 사업이란 삼성의 전체적 사업을 씨앗사업, 묘목사업, 과수사업, 고목사업으로 분류한 것으로 미래 성장 엔진을 구축하는 신수종 사업을 집중적으로 육성하기 위한 방책이었다.

우선 삼성은 사양 산업으로 치부되는 사업부분을 고목사업으로 분류하고 과감한 정리에 나섰다. 그리고 당시 회사의 성장을 견인하고 있는 한참 잘 나가고 있는 사업을 과수사업으로 분류하고 마케팅력을 강화해 집중적으로 시장을 장악해 나갔다.

다음은 묘목사업인데 지금 당장은 큰 이익을 내지 못하지만 앞으로 과수가 될 수 있는 사업으로 기술개발에 총력을 기울여 뛰어난 제품과 마케팅력으로 시장을 선도할 수 있다고 판단한 사업들이 이에 속한다.

마지막으로 씨앗사업은 삼성의 미래를 먹여 살려줄 차세대사업으로 5~10년 후 결실을 맺을 수 있는 사업들이다. 당시 과수사업으

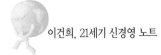

이건희, 21세기 신경영 노트

로 분류된 제품은 대형 컬러TV, 모니터, 노트북PC, 휴대폰, 메모리 등이었고, 묘목사업은 디지털TV, PDA, TFT-LCD 등이었으며, 씨앗사업은 이동통신시스템, 네트워킹, 비메모리사업 등이었다.

삼성은 이러한 제품 전략으로 신경영에 성공을 거두고, 이제 초일류기업으로서 입지를 굳힌 가운데 제2신경영 체제에 돌입한 상태다.

그런데 이제 또 다시 삼성에 고민거리가 생겼다. 신수종 육성사업을 기획할 1997년 당시에는 미래 사업의 그림이 비교적 또렷하게 그려진 반면 현재에는 차세대 씨앗사업이나 묘목사업이 분명하게 보이지 않는다는 점이다.

당시에 뿌린 씨앗과 묘목들은 이미 대부분 다 자라나서 열매를 맺었고, 삼성이 초일류기업이 되는데 밑거름이 되었다.

삼성은 또 다시 미래를 먹여 살릴 차세대 씨앗사업이나 묘목사업을 찾아내야 할 입장이 되었다. 이건희 회장이 2003년 6월 제2신경영을 선언하는 자리에서 그다지 밝은 표정이 아니었던 것은 이런 맥락에서 읽혀져야 할 대목이다.

그는 2002년부터 계열사별로 한 달에 한 번 핵심인력 확보 실적을 챙기고 있다. 구조조정본부 인력팀이 계열사의 핵심인력 확보 진척도를 보고하면 그는 꼼꼼히 진행상황을 검토하고 실적이 부진한 사장이나 인사팀장을 직접 불러 독려하고 있다.

그가 이렇게 인재에 목말라 하고 있는 것은 반도체와 휴대폰 이후를 생각하기 때문이다.

앞으로 10년 동안의 기술 변화는 과거 30~40년의 변화보다도 더 크고 가속도는 더욱 빨라질 것이다.

PC와 가전산업은 이미 경계가 불분명해지고 있고, 방송·금융 서비스·통신이 융합되어 가고 있다. 반도체와 생명공학의 결합은 시대의 대세이자 피할 수 없는 외길이기도 하다.

이러한 때에 변화하는 시대의 키워드를 잘못 읽고 환경 변화에 적응하지 못한다면 누구도 살아남기 힘들다. 이건 삼성뿐만 아니라 한국 경제가 새로운 성장 동력을 찾아야만 할 시기에 봉착해 있음을 의미한다. 중국이 너무도 빨리 따라오고 있고, 일본은 다시 일어서서 뛰기 시작했다.

최근 정구현 삼성경제연구소장은 한국이 오는 2015년까지 G10(선진 10개국) 안에 들지 못하면 앞으로 수세기 동안 G10으로 진입하기 어려울 것이라는 경고를 내놓고 있다.

| 10년 후에 일어날 일들 |

지금 삼성은 반도체, 휴대폰, LCD 등 효자 상품 덕에 사상 최대의 호황기를 맞고 있지만 10년 후에도 그러리라는 보장이 없다는 것이 이건희 회장의 평소 생각이다.

2003년 6월 5일, 신경영 10주년을 기념하는 사장단 회의에서 이건희 회장은 다음과 같이 말하며 제2신경영을 선언하고, 미래 경영의 중심 키워드를 던졌다.

"신경영은 세기말적 상황에서 경제전쟁에서의 패배, 일류 진입

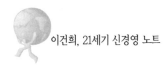
이건희, 21세기 신경영 노트

의 실패는 경제식민지가 될 수 있다는 역사인식과 사명감에서 출발했다. 지금 우리 경제는 외부 환경 탓도 있지만 과거 선진국도 겪었던 마의 1만 달러 시대 불경기에 처한 상황으로 신경영 선언 당시와 유사하다. 지금 당장의 제몫 찾기보다 파이를 빨리 키워 국민소득 2만 달러 시대에 돌입하기 위해 온 국민이 다함께 노력해야 할 때다.

선진국과 격차는 좁혀지지 않고, 중국의 추격이 가속화되고 있어 자칫하다간 5~10년 뒤 우리가 먹고 살 산업이 바닥날 수 있다. 이제는 국가차원에서 인재를 발굴하고 양성하는 데 삼성이 적극 나서야 한다.”

그가 이런 말을 한데는 다음과 같은 고민이 있었기 때문이다.

“몇 년 전부터 5년이나 10년 후 뭘 먹고 살지를 고민해 왔어요. 바로 이거다! 하는 사업이 떠오르질 않더군요. 환경이나 기술이 너무도 빠르게 변하기 때문에 미래의 보장된 사업을 지금 찾아낸다는 것은 정말 어려운 과제였어요.”

이 점에 대해서 이건희 회장은 10년 전에 이런 말을 했다.

“과거에 초일류의 영예를 누려왔던 IBM, GM이 흔들리고 있으며 RCA 같은 기업은 지구상에서 영원히 사라져 버렸다. 국내의 경우도 마찬가지다. 화신이라는 이름도 없어져 버렸다. 그 외에도 천

우사다 뭐다 하는 기업들이 수없이 사라졌다. 일류로 가다 이류로 떨어지고, 삼류로 가다가 이류로 가는 기업도 있고, 또 일류로 오는 기업도 있지만 대부분 일류에서 이류, 이류에서 삼류로 떨어지는 것이 더 많다."

그는 기업이 살아남고 일류를 유지하려면 현재에 만족하기 보다는 부단한 개혁과 노력이 필요하다는 것을 강조하고 있다.

지금부터 10년 후는 2015년이다.

사람들은 2015년 하면 아주 먼 미래의 이야기로 생각하기 십상이다. 필자만 해도 어린 시절에 즐겨보던 공상과학 만화나 SF소설에서 나옴직한 연도란 생각이 들지만 2015년은 어느덧 10년 후의 현실이 되었다. 10년은 아주 짧은 시간 같이 느껴지기도 하지만 요즘처럼 하루가 다르게 기술이 발달하고 세상이 급하게 변하는 시대에는 아무도 10년 후를 제대로 예상하지 못한다. 치밀한 계산력을 가지고 있고 상상력이 뛰어난 미래학자들도 점점 더 세상의 변화를 알아맞히는 데 곤혹스러워 하고 있다.

앞으로 10년 후의 모습은 어떤 것일까?

10년 후는 분명 지금과는 다른 사회일 것이다. 많은 사람들이 유비쿼터스, 생명공학, 로봇 시대가 될 것이라고 말하고 있다. 그러나 10년 전 사람들에게 오늘날의 인터넷과 휴대폰 시대를 이야기한다면 잘 알아듣지 못했을 것처럼 우리도 10년 뒤의 사회를 쉽게 떠올리지 못한다.

앞으로 다가오는 포스트 인터넷 시대, 유비쿼터스 시대, 생명공

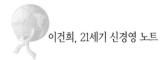

학 시대는 어떤 모습을 하고 있을까? 그때가 돼도 삼성이 초일류기업의 신화를 이루어 낼 수 있을까?

삼성은 현재 제2신경영 선언에 따라 새로운 10년을 위한 준비 경영에 몰두하고 있다.

3. '2010' 프로젝트

| 미래 경영 엔진의 가동 |

삼성 수뇌부는 오랜 장고 끝에 2005년 11월, '2010' 프로젝트로 4대 씨앗 사업과 8대 성장 엔진을 선정하고, 세계 TOP3 기업 진입을 위한 미래 경영 엔진을 가동하기 시작했다.

4대 씨앗사업은 삼성의 미래를 짊어질 차세대 주력 제품군이라고 볼 수 있는데 이 네 분야는 앞에서 살펴 본대로 개인 멀티미디어 기기, 홈 네트워크, U-헬스(이동통신을 이용한 원격 건강관리시스템), 가정용 로봇 등으로 모두 디지털 미디어 분야로서 향후 삼성은 현재 우위를 점하고 있는 IT분야에 BT, NT분야를 접목시킨다는 전략을 세워놓고 있는 셈이다.

또한 차세대 주력 분야로서 제시한 8대 성장 엔진 가운데 메모리, 디스플레이, 이동통신, 디지털TV 등 네 분야는 삼성이 현재 세계 정상을 달리는 분야인데 새롭게 추가된 분야는 프린터, 시스템 LSI(비메모리반도체), 고용량 스토리지, 에어컨트롤 시스템 등이 있다.

윤종용 삼성전자 부회장은 최근 이런 말을 함으로써 고민의 일단을 피력했다.

"10년 뒤 어떻게 될까 예측하는 것도 중요하지만 경험상 예측은 맞지 않았다. 우리는 미래를 예측하기보다 미래를 창조하는 것을 중시하고, 그런 능력을 갖추도록 노력할 것이다."

초일류기업을 달성하기 위해 시장을, 남을 쫓아가야 하는 것이 아니라 스스로 길을 만들어 가야 한다는 뜻이다. 그래서 이건희 회장은 그 동안 고생하고 치열한 경쟁을 겪었다고는 하나 세계를 놓고 보면 아무것도 아니다. 위기는 내가 제일이라고 자만할 때 찾아온다며 삼성이 다시 한 번 위기의식을 갖고 변화를 모색해야 할 때임을 강조하고 있다.

삼성은 4대 씨앗사업과 8대 성장 엔진을 대외에 천명함으로서 궁극적으로는 IT+BT+NT 나아가서 RT(로봇기술)을 포함한 기술의 융합에 의한 유비쿼터스(Ubiquitous) 시대를 여는 초일류기업으로 거듭난다는 것이 삼성의 21세기 로드맵임을 밝힌 셈이다.

▍아직 큰 변화는 오지 않았다 ▍

삼성이 내놓은 2010 프로젝트는 각 분야에 지속적으로 투자를 늘려 초특급 인재를 육성해 세계 최고 기술을 내놓겠다는 것으로 요약할 수 있다. 즉 기술·인재·투자라는 삼각편대를 구축해 앞

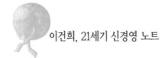

이건희, 21세기 신경영 노트

으로 5년 이내에 진정한 의미에서의 초일류기업으로 부상하겠다는 의지의 표현이다.

IT혁명은 우리의 생활을 바꾸어 놓기는 했지만 사람의 행동구획과 그 반경조차 바꾸어 놓은 것은 아니다. 그러나 앞으로 5년, 10년 안에 다가올 유비쿼터스, 로봇, 생명공학으로 무장된 세상은 인간의 사고, 행동, 영역을 송두리째 바꾸어 놓을 대 변혁의 시기가 될 것이다. 많은 학자들이 앞으로의 10년은 지난 100년 동안 이루어진 것보다 많은 문명의 패러다임이 바뀔 것이라고 예견하고 있다.

유비쿼터스, 생명공학, 로봇문명 등 앞으로 이루어질 신문명의 물결은 우리를 다른 세계로 데려다 놓을 것이다.

10년 후, 우리는 전혀 새로운 세상에서 숨 쉬고 있을 것이다.

그때에도 삼성이 초일류기업의 신화를 이루어 낼 수 있을까?

삼성은 제2신경영 선언에 따라 새로운 10년을 위한 준비 경영에 몰두하고 있다. 삼성이 제1회 삼성 애널리스트 데이에서 발표한 2010 프로젝트 청사진은 그러한 노력의 결산물이다. 윤종용 부회장은 이날 삼성전자의 중장기 전략을 밝히면서 미래기술을 선도할 것을 강조했다.

"전자산업은 현재 가격, 기술, 부가가치, 지역 등 4대 벽이 붕괴하는 등 커다란 패러다임의 전환기에 있다. 삼성전자는 이런 변화에 재빠르게 대처하면서 디지털 컨버전스 혁명을 주도해 나갈 것이다."

삼성은 디지털 컨버전스 혁명을 주도하는 핵심요소로 첫째, 기술, 둘째, 디자인, 셋째, 브랜드 분야를 지정하고 이 3대 핵심 역량을 강화하기 위해 시설(Capex) 및 R&D, 우수인력, 마케팅 분야에 지속적인 투자를 단행할 것을 천명했다.

삼성은 미래 성장을 위한 4대 씨앗사업을 선정했는데 그 사업 분야는 다음과 같다.

1) 개인 멀티미디어 기기
2) 홈 네트워크
3) U(유비쿼터스)-헬스
4) 가정용 로봇

삼성전자는 이러한 4대 씨앗사업을 지원 육성하기 위해 다음과 같은 제품을 8대 성장 엔진으로 선정해서 집중 육성할 계획을 발표했다.

△ 고용량 메모리
△ 차세대 디스플레이
△ 차세대 이동통신
△ 디지털 TV
△ 차세대 프린터
△ 시스템 LSI
△ 차세대 메스 스토리지(Mass Storage)
△ 에어 컨트롤 시스템(Air Control System)

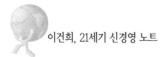

이건희, 21세기 신경영 노트

패러다임 전환의 시대를 맞아 앞으로의 사회는 지금보다 더 압축된 지식 경영의 시대가 될 것이다. 미래 사회는 지식과 기술을 가진 기업이 사회가 원하는 제품을 만들어 냄으로서 사회를 선도해 나가게 되어 있다.

우리는 여기서 미래에 무엇을 먹고 살 것인지 또 다른 변화의 길을 모색하고 있는 삼성의 모습을 통해 앞으로 우리 기업과 사회가 나아가야 할 길을 찾고 바로잡을 수 있을 것이다.

| BINT 혁명 시대 |

반도체 다음은 로봇과 바이오칩이다!

이 말은 이미 선진 기업들 사이에서는 널리 퍼져있고, 그 당위성이 인정되고 있는 대 명제가 되었다. 이제 10년 안에 1가구 1로봇 시대가 열릴 것이며, 홈 오토매틱이 구현된 홈 네트워크가 완성될 것이다. 또한 자동차의 개념을 바꾸는 E-CAR의 시대가 다가올 것이며 평균수명 150살이 가능한 인체 부품 시대가 열릴 것이다.

삼성전자는 밖에서 집안의 온도나 조명·조리 등을 모두 조절할 수 있는 홈 네트워크 사업과 함께 빈집을 경비하고 청소하는 가정용 로봇도 미래의 신사업으로 꼽고 있다.

삼성전자의 이윤우 삼성전자 부회장(CTO)은 4대 씨앗사업에 대한 배경 설명을 하며 4대 씨앗사업을 위한 연구에 매진할 것을 밝히고 있다.

"삼성전자의 경우 반도체 · 통신 · 디지털미디어 · LCD 부문 등 모든 면에서 경쟁력을 갖추고 있는 만큼 4대 씨앗사업을 육성할 경우 최대의 시너지 효과를 볼 수 있다. 앞으로 혁신적인 기술로 혁신 제품을 창출해 새로운 라이프스타일을 창조하는 초일류기업으로의 도약을 위해 지속적인 연구개발 노력에 최선을 다할 것이다. 1997년 16%였던 연구개발 인력이 2004년에 24%까지 증가했고, 향후 2010년에는 전체 인력의 32%까지 확대시킬 계획이다."

반도체에서부터 통신 등 모든 부문에서 경쟁력을 갖춘 삼성전자만이 앞으로 U-헬스 · 홈 네트워크 등 유비쿼터스 환경을 만드는 데 유리하다는 판단이 작용한 것으로 보인다.

이건희 회장은 일찍이 반도체 시대의 도래를 예견하고 반도체 투자에 사운을 걸었고, 그 성공은 삼성을 초일류기업으로 성장시킨 원동력이 되었다. 이제 삼성은 반도체 사업의 성공에 힘입어 사업의 절정을 향해 가고 있지만 새로운 패러다임의 시대는 거칠 것 없이 밀려오고 있다.

이건희 회장은 앞으로도 예전과 같은 직관의 힘으로 이 변혁의 시대를 읽어내고 선견할 수 있을 것인가?

그의 선택에 따라 바이오 혁명의 시대에 삼성의 위상이 달라질 것이다. 한국은 유비쿼터스와 바이오산업을 국가 아젠다로 설정할

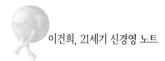

정도로 BINT(IT+BT+NT)를 통한 기술 혁신을 빠르게 일궈내고 있
다. 그리고 그 발 빠른 혁신의 선두에 삼성이란 초일류기업이 있
다. 한국 1위의 기업이자 초일류기업인 삼성의 미래 경영은 우리
들의 삶과 전혀 무관하지 않을 것이다.

기업의 미래는 의지에 달려 있다. 보통 현재의 기업구조와 경영 방법은 과거의 활동이 누적되어 온 결과로 인식된다. 사람들은 과거가 현재를 만든다고 생각한다. 그러나 다음 시기의 현재는 미래에 의해 결정될 것이다. 이 경우 현재란 지금 일어나고 있는 순간이 아니라 가능성과 잠재력에 접근할 수 있는 무엇을 말한다.

이런 의미에서 현재는 궁극적인 변화의 원천이며 무한한 가능성의 모태이다. 이제 우리는 과거보다 미래에 더 많은 의미를 두게될 것이다. 그러므로 오늘날에는 기업이 이미 무엇을 가지고 있느냐? 보다는 무엇을 더 이룰 수 있는지, 그리고 무엇을 더 달성해야 하는지가 중요하다.

이제까지 기업의 활동은 과거의 업적을 토대로 지난 일을 반추하는데 그치는 경우가 태반이었다. 미래를 위해 어떤 일을 계획할 때도 항상 과거를 되돌아 보았다. 그러나 불연속성의 시대에 있는 기업은 미래의 가능성을 우선 생각해야 한다.

반도체 분야에서 삼성이 거둔 엄청난 성공은 현재와 과거를 완벽하게 경영한 산물이 아니다. 기업의 개척정신과 미래에 대한 관심이 성공을 가능하게 했다. 삼성은 70년대부터 산업 사회의 미래에 대해 연구해 왔다. 그래서 반도체에 착안하게 되었다. 반도체 분야에서 우리는 수많은 장애를 극복해야 했고, 또 헤아릴 수없이 많은 실패도 감내해야 했다.

오늘의 성공에 이르기까지는 멀고도 힘든 길이었다. 그러나 우리는 포기하지 않았다. 아니, 오히려 반대로 우리는 이 분야에 매년 투자를 증대했다. 그렇게 함으로써 삼성은 256메가 D램 반도체를 세계 최초로 개발했다. 이로써 삼성은 반도체 산업에서 선두 위치를 확고히 다졌다.

미래의 기업은 약한 곳을 보강하여 평균을 유지하기보다 강한 곳을 집중 육성하여 세계수준으로 발전시켜야 성공한다고 생각한다. 평균적인 기업은 살아남을 수 없다. 남이 모방할 수 없는 특별한 능력을 갖춘 기업만이 경쟁력이 있다.

국내 시장의 경우 그간 삼성은 불패의 신화를 닦아 왔다. 독특한 개성과 능력으로 이제까지 제1의 자리를 지킬 수 있었다. 그러나 세계시장에서도 이 같은 성과를 기대할 수는 없다.

향후 삼성의 역사에는 숱한 패배의 기록이 등재될 것이다. 그러나 우리는 이러한 패배를 통하여 보다 강인하고 시세에 밝은 기업으로 계속하여 거듭날 것이다.

이건희 회장, Agenda fur das 21. Jahrhundert